C.H.BECK WISSEN

Warum hat sich das Christentum in der Antike so schnell durchgesetzt und das Ende der Antike überlebt? Jens Schröter beschreibt klar, anschaulich und auf dem neuesten Forschungsstand, wie sich in den ersten drei Jahrhunderten aus einer Vielzahl an christlichen Gemeinden mit eigenen Glaubensweisen, Lebensformen, Ritualen und Texten eine einheitliche Kirche bildete, die nicht alle Spielarten christlichen Glaubens und Lebens in sich aufnahm, aber doch eine große Vielfalt integrierte. Er erklärt, wie sich die Trennung vom Judentum vollzog und aus der verfolgten Gemeinschaft eine anerkannte und geförderte Religion wurde.

Jens Schröter ist Professor für Neues Testament und antike christliche Apokryphen an der Humboldt-Universität zu Berlin. Bei C.H.Beck erschienen von ihm der Bestseller «Die Entstehung der Bibel» (mit Konrad Schmid, 3. Auflage 2020, C.H.Beck Paperback 2022) sowie in der Reihe C.H.Beck Wissen «Jesus. Leben und Wirkung» (2020) und «Die apokryphen Evangelien» (2020).

Jens Schröter

DIE ENTSTEHUNG DES CHRISTENTUMS

Von den Anfängen bis zu Konstantin dem Großen

C.H.Beck

Mit 1 Abbildung
und 1 Karte (© Peter Palm)

Originalausgabe

www.chbeck.de
Reihengestaltung Umschlag: Uwe Göbel (Original 1995, mit Logo),
Marion Blomeyer (Überarbeitung 2018)
Umschlagabbildung: Christus als Guter Hirte,
frühchristliche Wandmalerei in den Priscilla-Katakomben (Rom);
© akg-images/Erich Lessing
Satz: C.H.Beck.Media.Solutions, Nördlingen
Druck und Bindung: Druckerei C.H.Beck, Nördlingen
Printed in Germany
ISBN 978 3 406 82272 8

verantwortungsbewusst produziert
www.chbeck.de/nachhaltig

Inhalt

Einführung

Mit dem Christentum tritt ein neuer Glaube in die Welt. Er gründet auf der Überzeugung, dass durch den galiläischen Juden Jesus aus Nazareth das Heil für alle Menschen gekommen ist. Er verbreitet sich in kurzer Zeit im Römischen Reich und führt zu neuen, dieser Überzeugung entsprechenden Lebensformen. Die ersten drei Jahrhunderte bilden dabei eine Formierungs- und Konsolidierungsphase. In diesem Zeitraum prägen sich eigene Rituale und Praktiken aus, entstehen selbständige Organisationsstrukturen und Sozialformen. Zudem werden Bekenntnisse des Glaubens an Gott und Jesus Christus formuliert und mit der christlichen Bibel entsteht eine Schriftensammlung als gemeinsame Grundlage der christlichen Kirche. Über viele Aspekte, etwa über die Ehe, die Haltung zum Staat, die Bedeutung von Taufe und Eucharistie sowie Umfang und Anordnung der biblischen Schriften, bestanden dabei unterschiedliche Auffassungen. Der Rekurs auf einen vermeintlich einheitlichen Ursprung, aus dem das Christentum entstanden sei, war darum schon immer ein romantisches Ideal, das zwar stets aufs Neue reaktiviert wird – bis hin zu evangelikalen Bewegungen der Gegenwart –, mit der Wirklichkeit jedoch wenig gemein hat. Das Christentum existiert seit seinen Anfängen vielmehr in einer Dynamik von Einheit und Vielfalt. In den ersten drei Jahrhunderten bildet sich ein Rahmen für das heraus, was in der christlichen Kirche gelten soll und wie trotz der vielfältigen Lebensformen und Ansichten die Konturen des christlichen Glaubens erkennbar bleiben können.

Diese «Experimentierphase» reicht vom Wirken Jesu bis zu den kaiserlichen Maßnahmen, mit denen am Beginn des 4. Jahrhunderts die Christenverfolgungen beendet wurden. Dadurch änderte sich die Situation des Christentums im Römischen Reich maßgeblich. In der Zeit davor wurde die Grundlage gelegt, auf der sich die Kirche ab dem 4. Jahrhundert unter neuen Vorzeichen zur Reichskirche entwickelte. Die Beendigung der Verfolgungen durch den Römischen Staat, in deren Konsequenz der christliche Glaube frei ausgeübt werden durfte, sogar aktiv gefördert und schließlich zur Staatsreligion erhoben wurde, stellte das Christentum vor neue Aufgaben. Die Christen hatten sich zunächst in der nichtchristlichen Gesellschaft als «Fremde» verstanden (vgl. etwa 1 Petr 1,1; 2,11) und wurden von ihrer Umgebung oftmals argwöhnisch beäugt oder angefeindet. Eine Integration in die gesellschaftlichen Strukturen erfolgte stets mit Blick auf die Grenzen, die der Christusglaube setzte, etwa bei der Teilnahme an öffentlichen Festen und der Wahl von Berufen. Ab dem 4. Jahrhundert spielte die christliche Kirche dagegen bei der Gestaltung sozialer, politischer und religiöser Verhältnisse eine zunehmend aktive Rolle. Dies nötigte dazu, das eigene Selbstverständnis und das Verhältnis zu politischen Machthabern und staatlichen Institutionen neu zu reflektieren.

Obwohl historische Epochen niemals klar voneinander abgegrenzt sind, lässt sich die Zeit vor den genannten, maßgeblich mit Kaiser Konstantin (reg. 306–337) verbundenen Veränderungen als eigene Phase in der Geschichte des Christentums verstehen. Von einer «Konstantinischen Wende» sollte man gleichwohl nicht reden. Dieser lange Zeit gängige Ausdruck steht zum einen in der Gefahr, einen Mythos zu befördern, der durch die christliche Verklärung Konstantins entstanden ist. Zum anderen wird dabei leicht übersehen, dass die christliche Kirche damals längst für ihr Selbstverständnis unentbehrliche Inhalte und Strukturen ausgebildet hatte. Die kaiserlichen Maßnahmen haben demnach Entwicklungen verstärkt, die seit längerem im Gang waren, haben diese aber nicht erst ausgelöst. Dazu gehören etwa die Organisation der christlichen Gemeinden, die Schaffung des Bischofsamts und die Integration des christlichen Glaubens in die römische Gesellschaft.

Die ersten Anhänger und Anhängerinnen des Christusglaubens waren Juden und Jüdinnen. So verstanden sie sich selbst und so wurden sie oft auch von außen wahrgenommen. Bevor eigene, von Juden und Heiden unterschiedene Gemeinschaften der Christusgläubigen entstanden, war der Glaube an Jesus Christus demnach eine Form des jüdischen Glaubens. Er hatte allerdings seine Besonderheiten, die von Beginn an zu Auseinandersetzungen innerhalb des Judentums führten. Das Bekenntnis zur Auferweckung des gekreuzigten Jesus von Nazareth und seine Verehrung als Messias («Christus») waren für Juden, die diese Überzeugung nicht teilten, ein Verrat an den Grundlagen des jüdischen Glaubens. Verkündeten Christen diese Überzeugung nichtjüdischen Menschen – und das taten sie sehr bald –, stieß das ebenfalls auf Widerspruch. Nur *einen* Gott zu verehren, alle anderen Götter dagegen für nicht existent zu erklären, war in den Ohren von Griechen und Römern eine Dummheit und eine Provokation.

Die Christen fanden sich so in einer merkwürdigen Lage wieder: Sie teilten mit den Juden den Glauben an den einen Gott, den Gott Israels, der allein zu verehren sei. Zugleich interpretierten sie diesen Glauben auf eine Weise, der schließlich zur Trennung vom Judentum führte. Nichtjuden – die für Christen und Juden «Heiden» waren – wollten sie dagegen davon überzeugen, an den Gott Israels und an Jesus Christus zu glauben, ohne dass sie dazu Juden werden müssten. Christliche Gemeinschaften standen jüdischen und nichtjüdischen Menschen in gleicher Weise offen – eine ungewöhnliche und für Juden wie Heiden provozierende Haltung. Mit ihr verbanden sich viele Fragen, die bei der Integration des christlichen Glaubens in die Gesellschaft zu bedenken waren.

Was als «Christentum» und «Kirche» gelten sollte, stand am Anfang keineswegs fest, sondern bildete sich in längeren, komplexen Prozessen erst heraus. Zwar sind die Bezeichnungen «Christen» bzw. «Christ» (*Christianoí* bzw. *Christianós*) bereits im Neuen Testament belegt (Apg 11,26; 26,28; 1 Petr 4,16), auch der Begriff «Kirche» *(ekklēsía)* wird sowohl für einzelne Ortsgemeinden (so in den meisten Fällen) als auch für die Gesamtheit christlicher Gemeinden verwendet (so z. B. in Mt 16,18; Apg 9,31; Kol 1,18.24; Eph 1,22; 5,23–32). Als eine organisatorisch und theologisch selbständige Größe entstand die christliche Kirche jedoch erst im Verlauf der ersten drei Jahrhunderte, in denen der christliche Glaube Eigenständigkeit gegenüber dem jüdischen gewann und sich in der griechisch-römischen Gesellschaft etablierte. Anfangs gab es Gruppen von Christusgläubigen an einzelnen Orten, aus denen schließlich eine Religionsgemeinschaft mit übergreifenden Strukturen, gemeinsamen Ritualen, verbindenden Bekenntnissen und einem gemeinsamen Schriftenbestand wurde. Diese Entwicklungen machen zugleich nachvollziehbar, warum die an Jesus Christus Glaubenden keine Gruppe innerhalb des Judentums blieben, aber auch keine philosophische Schule und kein Kultverein der griechisch-römischen Antike wurden.

Wenn im Folgenden von «Christentum» und «Christen», von «Christusgläubigen» und «christlichen Gemeinschaften» die Rede ist, soll deshalb nicht der Vorstellung einer von Beginn an von Judentum und paganer Gesellschaft unterschiedenen religiösen Gemeinschaft Vorschub geleistet werden. Vielmehr soll diese Begrifflichkeit zum Ausdruck bringen, dass der Christusglaube dasjenige Merkmal ist, das diejenigen, die sich ihm verpflichtet wussten, untereinander verband und sie von denjenigen, die ihn nicht teilten, unterschied.

Die Geschichte des frühen Christentums ist keine zielgerichtete Entwicklung. Der Weg von den Anfängen bei Jesus und den Aposteln zur Entstehung der christlichen Kirche und der Erhebung des Christentums zur Staatsreligion des Römischen Reiches hätte nicht den Verlauf nehmen müssen, den er faktisch genommen hat. Vieles hätte auch anders kommen können. Zu Sexualität, Familie und Beruf hätten sich andere Auffassungen durchsetzen können als diejenigen, die in der Kirche vorherrschend wurden. Rituale, die sich im Christentum nicht durchgesetzt haben – z. B. der «heilige Kuss» oder ein liturgischer Tanz –, hätten zum Teil des Gottesdienstes werden können. Der Kanon des Neuen Testaments könnte eine andere Gestalt haben – manche Schriften könnten fehlen, andere dafür dabei sein. Der Blick auf das frühe Christentum schärft deshalb nicht zuletzt den Blick für Praktiken und Sichtweisen, die aus heutiger Sicht randständig oder befremdlich erscheinen mögen, es aber keineswegs immer gewesen sein müssen.

Wenn antike Theologen auf klare Unterscheidungen zwischen akzeptierten und abgelehnten Glaubensformen, Lebensweisen und Schriften drangen, macht das deutlich, dass derartige Grenzen gerade nicht eindeutig waren. Es muss deshalb nicht irritieren, wenn das Christentum bis in die Gegenwart hinein in verschiedenen Konfessionen und zahlreichen Gruppierungen existiert, die zu vielen Fragen unterschiedliche Auffassungen vertreten und deren Lebensformen und liturgische Praxis sich voneinander unterscheiden. Darin kommt die Vielfalt zum Ausdruck, die den christlichen Glauben von Anfang an prägt und die als sein Reichtum, nicht als ein zu überwindendes Problem, betrachtet werden sollte. Zu beachten ist, dass diese Vielfalt auch Grenzen hat, wenn das Profil des christlichen Glaubens erkennbar bleiben soll.

Die Leitfrage der folgenden Darlegungen ist deshalb: Wie entstand der Glaube an Jesus Christus und wie wurde er unter den politischen, kulturellen und sozialen Bedingungen der jüdischen und griechisch-römischen Antike gelebt? In der Entstehungs- und Formierungsphase des Christentums wurden Inhalte und Formen ausgebildet, die seither diskutiert, aktualisiert und modifiziert werden. Dazu gehören z.B. Traditionen über Geburt, Kreuzigung und Auferweckung Jesu; die Ethik der Feindesliebe; die Überzeugung, dass der Glaube an Jesus Christus den Glauben an den Gott Israels als den einzigen Gott einschließt, sowie die schon im Neuen Testament zu findenden Interpretationen von Taufe und Abendmahl. Auch die christliche Haltung zu Ehe, Besitz und staatlicher Macht wird bis in die Gegenwart von früh entstandenen Vorstellungen geformt. Die ethischen Auffassungen der frühen Christen waren dabei oftmals von jüdischen Traditionen bestimmt, etwa in der Sexualmoral und der Ablehnung der Verehrung des Kaisers und anderer Götter.

Die Christusgläubigen bildeten anfangs überschaubare Gemeinschaften, deren Überzeugungen und Lebensweise auf ihre Umgebung fremd gewirkt haben müssen. Eine wichtige Voraussetzung für die breite Akzeptanz, die der christliche Glaube sehr bald in der griechisch-römischen Welt gefunden hat, war die

Auffassung, dass die Zugehörigkeit zur christlichen Gemeinschaft die Unterschiede zwischen den Menschen bedeutungslos werden lässt. Die christliche Botschaft war aufgrund dieser Offenheit für alle Menschen attraktiv und hat schnell auch unter Nichtjuden Fuß gefasst. Erstaunlich ist gleichwohl, dass sie in relativ kurzer Zeit weite Bereiche des Römischen Reiches erreichte. Dafür waren nicht zuletzt praktische Voraussetzungen notwendig, die diese Verbreitung erst möglich machten. Es musste aber auch gelingen, Menschen, die aus ganz anderen kulturellen und religiösen Verhältnissen stammten, von der Attraktivität des Christusglaubens zu überzeugen. Dies wird Gegenstand des *ersten Teils* sein.

Eine in der Anfangszeit zentrale Frage war, wie sich christlicher und jüdischer Glaube zueinander verhalten. Obwohl sich der Christusglaube zu einer eigenständigen Lebens- und Glaubensform entwickelte, blieben der Glaube an den Gott Israels sowie die Berufung auf jüdische Schriften und Traditionen von zentraler Bedeutung. Die Christusgläubigen teilten von Anfang an grundlegende Überzeugungen mit dem Judentum, interpretierten sie jedoch in eigener Weise. Das Verhältnis von christlichem und jüdischem Glauben war deshalb in der Entstehung des Christentums grundlegend. Damit wird sich der *zweite Teil* befassen.

Die neu gewonnenen Anhängerinnen und Anhänger kamen zunehmend aus dem nichtjüdischen Bereich. Sie brachten ihre eigenen philosophischen und ethischen Auffassungen über die Welt und den Menschen, aber auch zu Alltagsfragen wie Ehe, Beruf, Sklaverei und Bestattung mit. Diese Überzeugungen und Lebenshaltungen mussten mit dem christlichen Glauben vermittelt werden und haben ihn dadurch wesentlich geprägt. Die Christen waren zudem häufig Anfeindungen seitens der Gesellschaft und der staatlichen Behörden ausgesetzt, bis hin zu Ausgrenzungen, Denunziationen und schließlich sogar systematischen Verfolgungen. Warum es dazu kam, wie die Christen diesen Situationen begegneten und wodurch sie sich behaupten konnten, wird im *dritten Teil* behandelt.

Welche Auffassungen und Richtungen haben sich in dem seit

jeher von Vielfalt und Einheit geprägten Christentum ausgebildet, und welche Merkmale stellten sich schließlich als konstitutiv für den christlichen Glauben heraus? Das wird Thema des *vierten Teils* sein. Dabei wird vor allem darauf zu achten sein, welche Maßstäbe für die Unterscheidung von akzeptierten und abgelehnten Auffassungen in der christlichen Kirche entstanden. Bereits im Neuen Testament finden sich voneinander abweichende Vorstellungen, den christlichen Glauben inhaltlich zu formulieren und praktisch zu gestalten. Das setzt sich im 2. und 3. Jahrhundert in der philosophischen Reflexion des Christusglaubens sowie in diversen Formen, christliche Gemeinschaft zu leben, fort. Zugleich entsteht in dieser Zeit eine Vorstellung davon, was christliche Kirche ist und wie sie unter den Bedingungen des Römischen Reiches gestaltet werden kann. Daran kann dann im 4. Jahrhundert angeknüpft werden, als das Christentum zur vorherrschenden Religion des Römischen Reiches wird.

1. Die Ausbreitung des christlichen Glaubens

Der Ausgangspunkt

Den Anfang des christlichen Glaubens bildet die Überzeugung, dass durch die Kreuzigung Jesu auf dem Golgotha-Hügel bei Jerusalem sein Anspruch, der von Gott gesandte Retter zu sein, nicht widerlegt war. Menschen machten nach der Kreuzigung die Erfahrung, dass Jesus in neuer Weise unter ihnen war. Welchen Charakter diese Erlebnisse hatten, lässt sich nicht mehr genau rekonstruieren. Jesu Anhängerinnen und Anhänger gewannen jedoch die Überzeugung, dass Gott sein Wirken trotz des gewaltsamen Todes ins Recht gesetzt hatte und sich weiterhin zu ihm bekannte. Dies wurde unter Rückgriff auf den jüdischen Glauben, dass Gottes Macht auch über den Tod hinausreicht, als Auferweckung Jesu von den Toten interpretiert. «Gott hat Jesus Christus von den Toten auferweckt» lautet das grundlegende Bekenntnis des christlichen Glaubens (vgl. z. B. Röm 10,9; 1 Kor 6,14; 1 Thess 1,10). Es ist unmittelbar verknüpft mit der Ausbreitung der Christusbotschaft nach Ostern, denn den Erscheinungserzählungen der Evangelien zufolge ist es der Auferstandene selbst, der seinen Jüngern den Auftrag zu Mission und Taufe erteilt (Mt 28,19 f.), das gemeinsame Mahl erneuert (Lk 24,30) und den Geist verleiht (Joh 20,22).

Diese Überzeugung war zugleich die Grundlage dafür, den Tod Jesu als Heilstod für diejenigen zu deuten, die ihn als den Retter der Menschen bekennen. Der Tod am Kreuz war dann nicht mehr sein schreckliches Ende, sondern die Vollendung seines irdischen Weges als des von Gott gesandten Sohnes, der den Menschen Gottes heilvolle Nähe vermittelt.

Dieses Geschehen, so lautet eine sehr bald gewonnene Überzeugung, muss allen Menschen ausgerichtet werden. Das Christentum war deshalb von Beginn an eine missionarische Bewegung. Schon Jesus selbst hatte seine Botschaft vom anbrechenden Gottesreich als Wanderprediger in Galiläa und den angrenzenden Gebieten sowie in Jerusalem und dessen Umgebung verkündigt. Die Verbreitung der christlichen Botschaft ging nach den Osterereignissen sehr bald über diese Regionen hinaus und gelangte nach Syrien, Kleinasien (das Gebiet der heutigen Türkei), Nordafrika, in die griechischen Provinzen Makedonien und Achaia und, auch das zu einem frühen Zeitpunkt, sogar bis in die Hauptstadt Rom. Im 3. Jahrhundert war das Christentum dann im gesamten Römischen Reich und auch darüber hinaus verbreitet.

Die Verbreitung der christlichen Botschaft erfolgte durch wandernde Apostel und Propheten, die in den Schriften des Neuen Testaments und anderen frühchristlichen Texten häufig erwähnt werden. Sie zogen aus dem östlichen Teil des Römischen Reiches – aus Jerusalem bzw. Antiochia in Syrien (dem heutigen Antakya in der Türkei) – in die Provinzen des Römischen Reiches, verkündigten dort die Christusbotschaft und gründeten Gemeinden. Der Auftrag dazu wurde auf Jesus selbst zurückgeführt. In den ersten drei Evangelien Matthäus, Markus und Lukas finden sich Reden Jesu, in denen er die von ihm ausgewählten zwölf Jünger (bei Lukas auch noch einen größeren Kreis) aussendet, damit sie die Botschaft vom anbrechenden Gottesreich verbreiten. Am Beginn der Apostelgeschichte spricht der auferstandene Jesus zu den verbliebenen elf Jüngern – Judas hatte nach seinem Verrat Selbstmord begangen, etwas später wurde der Apostelgeschichte zufolge der Zwölferkreis durch die Nachwahl des Matthias wieder vervollständigt (Apg 1,15–26). Er trägt ihnen auf, seine Zeugen zu sein «in Jerusalem und ganz Judäa und Samaria und bis ans Ende der Erde» (Apg 1,8).

Jesus und seine Jünger stammten aus dem ländlichen Galiläa und hatten dort ihre primären Adressaten. Sehr bald fasste der Christusglaube aber auch in den Städten des Römischen Reiches Fuß. Die erste christliche Gemeinde entstand bereits nach den Osterereignissen in Jerusalem, bald darauf wurden Gemeinden in Damaskus und Antiochia gegründet. Paulus gründete christliche Gemeinden in den Provinzhauptstädten Thessaloniki, Korinth und Ephesus sowie in Philippi, einer – wie Korinth – römischen Kolonie. Auch im nordafrikanischen Alexandria, einer der größten Städte des Römischen Reiches, sowie in der Hauptstadt Rom selbst entstanden zu einem frühen Zeitpunkt Gemeinschaften von Christusgläubigen, ebenso wie in den kleinasiatischen Städten Kolossä, Laodicea, Hierapolis, Sardes, Smyrna, Pergamon, Magnesia, Philadelphia und Tralles. In ländlichen Gebieten wie Galatien, Phrygien und Lykaonien hat sich der christliche Glaube ebenfalls früh etabliert.

Die neu entstandenen Gemeinden mussten sich mit dem Ethos und der Lebenspraxis der jeweiligen lokalen Bevölkerung auseinandersetzen, weil viele zu den Gemeinden neu Hinzukommende aus diesen Milieus stammten. Die Frühphase des Christentums lässt sich deshalb zu einem wesentlichen Teil als Inkulturation beschreiben: Der christliche Glaube war in unterschiedliche soziale und religiöse Kontexte hinein zu vermitteln, was zur Begegnung mit verschiedenen kulturellen Traditionen und Lebensformen führte.

Die Hinwendung zu den Nichtjuden

Die Hinwendung christlicher Missionare zu Nichtjuden folgte einer programmatischen Entscheidung. Sie war weder selbstverständlich noch unumstritten, denn das Christentum war als jüdische Erneuerungs- und Reformbewegung entstanden. Tendenzen zu einer Öffnung des Christusglaubens für Nichtjuden sind gleichwohl früh zu registrieren. Bereits die Aktion Jesu gegen die Händler und Geldwechsler auf dem Jerusalemer Tempelplatz (Mk 11,15–17; Joh 2,14–16) und sein Wort gegen den Tempel (Mk 14,58; Joh 2,19–21) lassen eine Kritik an der Exklusivität des Tempels als Ort der Gegenwart Gottes erkennen. Der in der Apostelgeschichte erwähnte Stephanus, einer aus der Gruppe der sogenannten «Hellenisten» (Griechisch sprechender Judenchristen in Jerusalem), wird ebenfalls mit einer kritischen Sicht auf Tempel und Gesetz in Zusammenhang gebracht (vgl. Apg 6,8–15). Die Kritik zielte allerdings nicht auf eine grundsätzliche Infragestellung jüdischer Institutionen, sondern auf ihre Öffnung für Nichtjuden.

Der nächste Schritt war die Gründung der ersten Gemeinde aus Juden und Nichtjuden durch die aus Jerusalem vertriebenen Hellenisten im syrischen Antiochia, der nach Rom und Alexandria drittgrößten Stadt des Römischen Reiches. Der Apostelgeschichte zufolge wurden die Jünger (also die Christusgläubigen) dort zum ersten Mal als *Christianoí* bezeichnet (Apg 11,19–26). Diese griechisch-lateinische Mischform (der lateinische Begriff ist *Christiani*) leitet sich vom Christusbekenntnis und der Christusverkündigung als den Erkennungszeichen dieser Gruppe her. Vermutlich wurde sie zunächst von den Verwaltungsbehörden Antiochias verwendet, um die Christusanhänger als von den jüdischen Gemeinden unterschiedene Gruppierung zu kennzeichnen. Möglicherweise verband sich damit auch eine Einstufung als politisch verdächtige Vereinigung. In 1 Petr 4,16 und Tacitus, Ann. 15,44,2, wird der Begriff mit einer feindseligen Stimmung gegenüber den Christusanhängern in Zusammenhang gebracht, die auf ihrem Ruf als politisch subversiver Gruppe beruhen könnte. Als Selbstbezeichnung sind *Christia-*

noí und der Singular *Christianós* dann mehrfach in Texten des 2. Jahrhunderts bezeugt, so etwa in den Ignatiusbriefen (hier ist auch mehrfach der Ausdruck *Christianismós* bezeugt), im Polykarpmartyrium und im Brief an Diognet.

Mit der Ausrichtung der Christusbotschaft an Nichtjuden entstand die Frage, wie die Aufnahme der Heiden und das Zusammenleben von Juden und Nichtjuden gestaltet werden sollte. Müssen männliche Nichtjuden beim Eintritt in die Christusgemeinschaft beschnitten werden? Sollten die jüdischen Speiseregeln in der christlichen Gemeinde beachtet werden? Letzteres war weniger im privaten Kontext als bei den Zusammenkünften zum gemeinsamen Essen – vor allem bei der Feier des Herrenmahls bzw. der Eucharistie – von Bedeutung. Die Praxis der Gemeinde von Antiochia war dabei von der Überzeugung geleitet, dass die Unterschiede zwischen Juden und Heiden in Christus aufgehoben seien, Beschneidung und jüdische Speiseregeln deshalb nicht die verpflichtende Grundlage für die christliche Gemeinschaft bildeten.

Diese Auffassung enthielt erhebliches Konfliktpotential. Um die Mitte des 1. Jahrhunderts kam es darüber zu einem Treffen von Vertretern der Gemeinde Antiochias mit den Leitern der Jerusalemer Gemeinde. Über dieses Treffen, das häufig als «Apostelkonzil» oder «Apostelkonvent» bezeichnet wird (die Begriffe spiegeln allerdings eine spätere Sicht auf dieses Ereignis wider), gibt es im Neuen Testament zwei Darstellungen: eine von Paulus, der selbst dabei war (Gal 2,1–10), und eine vom Verfasser der Apostelgeschichte, der nicht dabei war, sondern das Treffen aus späterer Perspektive schildert (Apg 15,1–29).

Nach beiden Berichten wurde Einigkeit darüber erzielt, dass Heiden ohne Beschneidung in die christlichen Gemeinschaften aufgenommen werden können. Paulus zufolge wurde des Weiteren vereinbart, dass die Missionsgebiete zwischen Petrus und ihm selbst aufgeteilt werden: Er geht zu den Heiden, Petrus dagegen zu den Juden (Gal 2,7 f.). Außerdem sollte Paulus bei seiner Mission eine Kollekte für die Jerusalemer Gemeinde sammeln. Nach dem Bericht der Apostelgeschichte wurde dagegen geregelt, dass sich zum Christusglauben übergetretene Heiden von Blut, Ersticktem, Unzucht und Götzenopferfleisch enthalten sollen. Dabei handelt es sich um Vorschriften, die laut 3. Mose 17–18 für in Israel lebende Nichtjuden galten, die auf diese Weise ihren Respekt gegenüber dem Gott Israels ausdrücken sollten. Dieses sogenannte «Aposteldekret» wird weder bei Paulus noch sonst irgendwo außerhalb der Apostelgeschichte erwähnt. Es scheint also nur eine zeitlich und regional begrenzte Bedeutung gehabt zu haben.

Nach dem Jerusalemer Treffen kam es in Antiochia zu einer Auseinandersetzung zwischen Petrus und Paulus, über die Paulus im Galaterbrief (2,11–14) berichtet. Kephas (so der aramäische Name von Petrus, den Paulus fast immer verwendet) war nach Antiochia gekommen und hatte dort an der Tischgemeinschaft mit Nichtjuden teilgenommen. Auf Betreiben von Abgesandten des Jakobus, des Bruders Jesu, zog er sich davon jedoch zurück. Paulus wirft ihm daraufhin Heuchelei vor. Zudem würde er mit seinem Verhalten Nichtjuden die jüdische Lebensweise aufzwingen, die er selbst zuvor in der Tischgemeinschaft mit ihnen gerade aufgegeben hatte. Dieser sogenannte «antiochenische Zwischenfall» zeigt, dass in der Gemeinde von Antiochia Tischgemeinschaft von Juden und Heiden praktiziert wurde, ohne dass die jüdischen Speisegebote dabei die gemeinsame Grundlage bildeten. Diese Praxis wurde von Paulus vehement verteidigt, von den Jerusalemer Kreisen um Jakobus dagegen strikt abgelehnt. Für Letztere war die Tora als Weisung Gottes auch für die nichtjüdischen Christusgläubigen verbindlich, da sie ebenfalls zum Glauben an den Gott Israels gekommen waren.

Der Konflikt zwischen Petrus und Paulus in Antiochia war entstanden, weil die Frage der Beachtung von Speise- und Reinheitsvorschriften nicht geregelt war. Das Aposteldekret war demnach noch nicht beim Jerusalemer Treffen beschlossen worden, sondern eine nachträgliche Vereinbarung, um Konflikte wie denjenigen zwischen Petrus und Paulus beizulegen. Die Apostelgeschichte verbindet die Regelung unmittelbar mit dem Apostelkonzil. Dadurch erhält sie eine Bedeutung als gemeinsame Grundlage der christlichen Gemeinden, die von den maßgeblichen Autoritäten gemeinsam beschlossen wurde. Faktisch handelt es sich dagegen vermutlich um eine Vereinbarung, die eine Zeit lang in der Gemeinde von Antiochia in Kraft war, sich jedoch als nicht mehr notwendig erwies, als die Gemeinde überwiegend von Nichtjuden geprägt war. Diese Vereinbarung, die eine Grundlage für ein Zusammenleben von christusgläubigen Juden und Heiden bilden sollte, bei dem die Tora respektiert wurde, ohne sie den Heiden aufzuzwingen, hat allerdings nicht verhindern können, dass sich die christliche Kirche immer stärker in nichtjüdische Bereiche hinein verbreitete. Dabei hat eine Rolle gespielt, was bereits in den Schriften des Neuen Testaments erkennbar wird: Die Christusbotschaft wurde von Juden oftmals abgelehnt, von Heiden dagegen angenommen.

Die Attraktivität der christlichen Botschaft

Dass sich die christliche Botschaft in relativ kurzer Zeit über weite Teile des Römischen Reiches verbreitete, lag zu einem wesentlichen Teil in ihrer Offenheit für alle Menschen begründet, ungeachtet ihrer religiösen Herkunft, ihres Sozialstatus und ihres Geschlechts. Christliche Gemeinden waren deshalb in der Regel bunt gemischt. Zu ihnen gehörten Juden und Nichtjuden, Sklaven und Freie, Männer und Frauen. Das war für die jüdische und griechisch-römische Antike ungewöhnlich. Juden bildeten eigene Gemeinschaften, denen man als «Proselyt» beitreten konnte, zu denen aber für gewöhnlich nur diejenigen gehörten, die von einer jüdischen Mutter geboren worden waren. Sklaven und Freie konnten zwar gemeinsam an denselben Hauskulten teilnehmen, dabei blieben jedoch die Standesunterschiede gewahrt. Die Teilnahme an offiziellen römischen Staatskulten war Sklaven zudem verwehrt. Die gesellschaftliche und rechtliche Stellung von Frauen und Männern war sowohl im Judentum als auch in der römischen Gesellschaft – wenn auch in unterschiedlicher Weise – klar geregelt. Wenn die Christusgläubigen die Aufhebung der religiösen, sozialen und geschlechtlichen Unterschiede in der christlichen Gemeinschaft proklamierten (vgl. Gal 3,28: «Da ist weder Jude noch Grieche, weder Sklave noch Freier, weder männlich noch weiblich. Ihr seid nämlich alle einer in Christus Jesus»), war das eine bemerkenswerte Innovation, die sich auf die Sozialgestalt christlicher Gemeinden auswirkte.

Ein Hinweis darauf findet sich im 1. Korintherbrief. Paulus weist die Gemeinde darauf hin, dass zu ihr «nicht viele Mächtige, nicht viele von vornehmer Herkunft» gehören (1 Kor 1,26). Sie scheint sich also vor allem aus Menschen niederer sozialer Herkunft zusammengesetzt zu haben. Daraus kann allerdings nicht der Schluss gezogen werden, das Christentum sei generell eine Religion der Ungebildeten und niederen sozialen Schichten. Dafür fehlt es an soziologischen Daten.

Allerdings ist dem Christentum bereits in der Antike der Vorwurf gemacht worden, es sei vor allem eine Religion der Einfältigen und Unwissenden und würde seine Lehre nur unter Dummen, Sklaven, Frauen und kleinen Kindern verbreiten. Eine solche Polemik haben etwa die Philosophen Kelsos und Porphyrius vorgebracht, deren Werke fragmentarisch bei christlichen Autoren überliefert sind, die solche Vorwürfe vehement zurückwiesen. Dass sie in dieser Pauschalität kaum zutreffen können, zeigt sich bereits daran, dass sich das Christentum quer durch alle Gesellschaftsbereiche hindurch verbreitete und auch Menschen aus höheren sozialen und intellektuellen Schichten erreichte. Wenn sich die christlichen Gemeinden in der Frühzeit oftmals in Privathäusern von Gemeindegliedern versammelten und z. B. ein Finanzbeamter wie Erastus aus Korinth der Gemeinde angehörte (vgl. Röm 16,23), dann kann es sich nicht um Vereinigungen ausschließlich Mittelloser gehandelt haben. Ein weiteres Beispiel wäre die in der Apostelgeschichte erwähnte Purpurhändlerin Lydia aus Philippi (Apg 16,14 f., 40). Sie war offenbar eine wohlhabende, alleinstehende Frau, die ein eigenes Haus besaß und von ihrem Handel mit Purpur lebte. Lukas schildert sie als eine dem jüdischen Glauben zugeneigte «gottesfürchtige» Frau, die sich aufgrund der Verkündigung des Paulus taufen ließ.

Die Bemerkung des Paulus über die wenigen Mächtigen und Vornehmen schließt zudem in keiner Weise aus, dass auch Gebildete und Wohlhabende zur christlichen Gemeinde gehörten –

worauf bereits Origenes in seiner Entgegnung auf die entsprechende Polemik des Kelsos verweist (*Gegen Kelsos* III 48). Wenn Tertullian die Frage diskutiert, ob Christen höhere Ämter übernehmen oder dem Soldatenstand angehören dürfen, weist das darauf hin, dass zu dieser Zeit – im späteren 2. sowie im 3. Jahrhundert – die Übernahme politischer, administrativer und militärischer Aufgaben für Christusgläubige eine realistische Option war. Umgekehrt kam es vor, dass diejenigen, die bereits ein höheres Amt innehatten oder einen Beruf mit hohem sozialem Ansehen ausübten, sich zum Christentum bekannten.

Neben seiner Offenheit für Menschen verschiedener sozialer und religiöser Herkunft war die Attraktivität des Christusglaubens in einer Ethik begründet, die gegenüber den gängigen Vorstellungen und Konventionen strengere Maßstäbe setzte. Dazu gehörten die Hochschätzung der Ehe, das Verbot der Abtreibung sowie der Aussetzung von Kindern, die Forderung, Sklavinnen und Sklaven als gleichwertige Glaubensgeschwister zu behandeln, für Bedürftige zu sorgen und verantwortlich mit materiellem Besitz umzugehen. Bereits im Neuen Testament wird die Ehe auf die Erschaffung des Menschen als Mann und Frau zurückgeführt, weshalb Jesus ihre Auflösung untersagt (Mk 10,2–9; 1 Kor 7,10f.). Abtreibung und Kindesaussetzung werden in etlichen Texten des 2. und 3. Jahrhunderts verurteilt (z. B. bei Athenagoras, Tertullian und in der Petrusoffenbarung). Die Armen werden seliggepriesen, die Reichen dagegen gewarnt, ihren Besitz nicht nur zum eigenen Wohlergehen zu gebrauchen (Lk 6,20–23, 24–26; 12,16–21; 16,19–31). In seiner Schrift «Welcher Reiche wird gerettet werden?», in der er die Episode von Jesus und dem Reichen (Mk 10,17–31) auslegt, legt Clemens von Alexandria gegen Ende des 2. Jahrhunderts dar, dass Besitz nicht verwerflich ist, sofern man sich nicht von ihm abhängig macht und er auch anderen zugutekommt. Diese Maßstäbe wirkten auf viele Menschen attraktiv und trugen dazu bei, die christlichen Gemeinden in der heidnischen Gesellschaft zu etablieren.

Ein weiterer Grund für die schnelle Verbreitung war, dass die christliche Botschaft sehr bald Eingang in philosophische und intellektuelle Diskurse fand. Bereits in der ersten Hälfte des 2. Jahrhunderts wandten sich Intellektuelle dem christlichen Glauben zu und interpretierten ihn mit Hilfe zeitgenössischer philosophischer Vorstellungen und Begriffe. Dadurch wurde er anschlussfähig für Diskurse um die Entstehung der Welt, Herkunft und Ziel des Menschen und philosophische Begründungen der Ethik.

Praktische Voraussetzungen

Eine wichtige Voraussetzung für die Verbreitung der christlichen Botschaft war die sich infolge der Eroberungszüge Alexander d. Gr. (356–323 v. Chr.) im Mittelmeerraum durchsetzende griechische Sprache und Kultur, die eine Verständigung über die jeweiligen Länder und Regionen hinweg ermöglichte. Dazu kam, dass das Judentum bereits über den gesamten Mittelmeerraum verbreitet war, als das Christentum entstand. Die jüdischen Gemeinden waren ein natürlicher Resonanzboden für die christliche Verkündigung und sie boten den christlichen Missionaren Möglichkeiten zur Unterkunft (vgl. z. B. Apg 18,2 f.: Paulus wohnt in Korinth bei dem aus Rom stammenden jüdischen Ehepaar Aquila und Priscilla). Auch Menschen, die selbst keine Juden waren, dem jüdischen Glauben jedoch offen gegenüberstanden, Synagogengottesdienste besuchten, den Sabbat einhielten und die jüdischen Speisegebote beachteten, haben bei der Vermittlung der Christusbotschaft in nichtjüdische Kontexte hinein und bei der Entstehung christlicher Gemeinden eine Rolle gespielt. Diese in einigen antiken jüdischen und nichtjüdischen Texten als «Gottesfürchtige» bezeichneten Personen werden in der Apostelgeschichte gelegentlich erwähnt. Zum Judentum traten sie nicht über, nicht zuletzt, weil die dafür erforderliche Beschneidung der Jungen und Männer abschreckend wirkte. Die christliche Verkündigung hat aber auch Menschen angezogen, die keinen Bezug zum jüdischen Glauben und den jüdischen Traditionen hatten. Das wird z. B. daran erkennbar, dass Paulus in seinen Briefen Fragen wie «Unzucht» und «Götzendienst» behandelt, was sich nur auf Gemeindemitglieder beziehen kann, die keine Beziehung zum jüdischen Gottesglauben und jüdischer Ethik hatten.

Die logistischen Voraussetzungen für die Verbreitung der Christusbotschaft waren durch die Infrastruktur des Römischen Reiches gegeben. Das römische Straßennetz war seit republikanischer Zeit immer weiter ausgebaut worden und umfasste an der Wende vom 1. zum 2. Jahrhundert ca. 70 000 Kilometer. Die Römerstraßen durchzogen das gesamte Imperium und bildeten gemeinsam mit den Schiffsrouten über das Mittelmeer sehr gute Voraussetzungen für Reisen. Meilensteine, deren Beschriftung die Namen und Titel des Kaisers enthielten, gaben die Entfernung von Rom bzw. von der jeweiligen Provinzhauptstadt an. Unterkunft konnte man in Gasthöfen finden, die auch als Poststationen *(mansiones)* dienten und von Kurieren oder Staatsbeamten benutzt wurden, die zumeist in Kutschen reisten. Einfachere Leute wie die christlichen Missionare reisten dagegen zu Fuß oder auf einem Reittier.

Für die Ausbreitung des Christentums waren große Straßen wie die Via Egnatia auf der Balkanhalbinsel und die Via Appia, ihr Pendant auf der Apenninenhalbinsel, von besonderer Bedeutung. Auf diesen Straßen, deren antike Pflasterung heute noch an einigen Stellen zu sehen ist, sind Paulus und seine Mitarbeiter in westlicher Richtung durch Makedonien gereist, bevor sie dann die Route nach Süden in Richtung Athen und Korinth genommen haben. Auf der Via Appia ist Paulus nach Rom gekommen, wobei die Apostelgeschichte das Forum des Appius, eine 43 römische Meilen (ca. 65 km) südlich von Rom gelegene Poststation, und den Gasthof Tres Tabernae, 33 römische Meilen (ca. 50 km) von Rom entfernt, erwähnt. Weiter nach Westen gelangte man auf der Via Domitia, die von Italien durch Süd-Gallien auf die Iberische Halbinsel führte, sowie der Via Augusta, die als Verlängerung der Via Domitia tief hinunter in den hispanischen Südwesten bis nach Gades (dem heutigen Cádiz) an der Küste reichte. Die bereits von Paulus in den Blick genommene Verbreitung der Christusbotschaft bis nach Spanien (Röm 15,24.28) setzt eine derartige Infrastruktur voraus. Bereits im 2. Jahrhundert ist das Christentum – nach der anfänglichen Verbreitung in Syrien, Palästina, Kleinasien, Griechenland und Rom – bis nach Gallien (Lugdunum/Lyon und Vienne) und Germanien bzw. Belgien (Colonia Agrippina/Köln, Augusta Treverorum/Trier, Moguntiacum/Mainz, Argentoratum/Straßburg) gelangt.

Neben den Straßen waren die Schiffsrouten über das Mittelmeer (*mare internum* bzw. *mare nostrum*) als Verbindungen zwischen den verschiedenen Provinzen des Römischen Reichs wichtig. Sie dienten als Handelsrouten für den Transport von Waren; eine Passagierschifffahrt gab es in der Antike nicht. Als Seereisender musste man auf einem Fracht- oder Handelsschiff mitreisen, um das Mittelmeer zu überqueren. Schiffsrouten haben die Verbreitung des Christentums u. a. nach Zypern, Rom und Nordafrika (Alexandria, Karthago, Scili) ermöglicht. Die Apostelgeschichte gibt mit der Schilderung der Seereise des Paulus nach Rom (Apg 27–28) einen guten Eindruck von den Umständen (und Widrigkeiten) einer solchen Überfahrt und nennt mit Kreta und Malta Inseln, deren Häfen unterwegs angelaufen werden konnten.

Das Christentum hat sich relativ schnell von Syrien und Palästina aus nach Osten und Westen verbreitet. Die Gemeinden standen dabei zunächst durch wandernde Apostel und Propheten untereinander in Verbindung. Diese Missionare werden z. B. im 1. Korintherbrief, im Epheserbrief und in der Didache erwähnt. Eine wichtige Rolle für die Kommunikation zwischen den Gemeinden haben dabei Briefe gespielt, mit deren Hilfe man sich untereinander austauschen und Lehrunterweisungen übermitteln konnte. Mit seinen Briefen wollte Paulus Verbindung zu den von ihm gegründeten Gemeinden halten und aktuelle Fragen und Probleme des Gemeindelebens klären. Die unter dem Namen von Paulus und anderen Aposteln (Jakobus, Petrus, Johannes) verfassten Briefe setzen diese Tradition fort. Gegen Ende des 1. Jahrhunderts wird der 1. Clemensbrief von Rom aus nach Korinth geschickt, um die Absetzung der dortigen Gemeindeleiter (Presbyter) durch die Gemeinde rückgängig zu machen. Diejenigen, die diesen Aufruhr angezettelt hatten, sollten aus der Gemeinde entlassen werden, um Eintracht und Frieden wiederherzustellen. Ein dazu korrespondierendes Schreiben stellt der um 170 aus Korinth nach Rom gesandte Brief des Bischofs Dionysios dar, aus dem bei Euseb zitiert wird (*Kirchengeschichte* IV 23,9–12). Darin dankt er der römischen Gemeinde für die Unterstützung, die sie anderen Gemeinden zukommen lässt, und stellt heraus, dass der Brief des Clemens stets in der korinthischen Gemeinde verlesen werde. An anderer Stelle verweist Euseb darauf, dass Dionysios in dem Brief auch das gleichzeitige Martyrium von Paulus und Petrus erwähnt habe (*Kirchengeschichte* II 25,8).

Diese Briefe sind Beispiele für Verbindungen zwischen den christlichen Gemeinden, die das Bewusstsein beförderten, dass «Kirche» *(ekklēsía)* nicht nur die Ortsgemeinde, sondern auch die Gesamtheit der an Jesus Christus Glaubenden bezeichnet. Dem korrespondiert, dass auch das Amt des Bischofs *(epískopos)* zunächst ortsbezogen war, bevor es dann ab dem 4. Jahrhundert zur Ausbildung übergemeindlicher Strukturen kam, bei denen ein Bischof für mehrere Gemeinden verantwortlich war.

Das Zeugnis der Aberkiosinschrift

Ein besonderes Zeugnis für die frühe Ausbreitung des Christentums ist die heute in den Vatikanischen Museen aufbewahrte Aberkiosinschrift. Die zwei 1883 in der kleinasiatischen Region Phrygien entdeckten Fragmente stammen vom altarähnlichen Grabmonument des Aberkios. Die ursprüngliche Inschrift lässt sich auf das letzte Viertel des 2. Jahrhunderts datieren. Ihr vollständiger Text findet sich in der legendarisch ausgeschmückten Lebensbeschreibung des Aberkios aus dem 4. Jahrhundert, in der er als «Bischof» bezeichnet wird.

Aberkios formuliert in der Inschrift (aufgrund des fragmentarischen Erhaltungszustands muss manches unsicher bleiben), dass er sein Grabmal in seinem 72. Lebensjahr habe errichten lassen, um einen öffentlich sichtbaren Ort für seinen Leichnam zu haben. Er beschreibt sich als «Schüler des reinen Hirten», der ihn glaubwürdige Schriften gelehrt und nach Rom gesandt habe, damit er die kaiserliche Stadt (oder: die Königsherrschaft) und die Königin in Goldgewand und Goldschuhen sehe. Dort habe er «ein Volk mit einem glänzenden Siegel» gesehen. Weiter habe er Syrien gesehen und alle Städte bis nach Nisibis, nachdem er den Euphrat überquert hatte. Überall habe er Glaubensgefährten gefunden. Paulus habe er auf dem Wagen gehabt, Pistis (Glaube, Vertrauen) sei ihm überall vorausgezogen und habe ihm überall Speise vorgesetzt: großen und reinen Fisch, den eine reine Jungfrau den Freunden gab, dazu guten Mischwein (ein Gemisch aus Wein und Wasser) mit Brot. Schließlich fordert Aberkios die ganze Gemeinde dazu auf, für ihn zu beten. Abschließend bedient er sich des üblichen Topos einer Warnung, jemand anderen in sein Grab zu legen, und droht bei Zuwiderhandlung eine hohe Geldstrafe an.

In der sprachlich wie inhaltlich bemerkenswerten Inschrift (sie wurde auch als «Königin der christlichen Inschriften» bezeichnet) kommt der Bezug zum Christentum nicht durch Bekenntnisse oder biblische Begriffe, sondern in Form poetischer Andeutungen zum Ausdruck. Die zahlreichen Metaphern enthalten Anspielungen, die den christlichen Glauben des Aberkios zu erkennen geben, ohne ihn klar auszusprechen.

Aberkios bezeichnet sich selbst nicht als Bischof, sondern als Bürger einer «auserwählten Stadt», gemeint ist Hierapolis in Phrygien (nicht zu verwechseln mit dem bekannteren, südwestlich gelegenen Hierapolis, dem heutigen Pamukkale). Auch die Bezeichnung «Christ» kommt in der Inschrift nicht vor. Allerdings lässt sich der Ausdruck «Schüler des reinen Hirten» als Charakterisierung seines Christseins auffassen, denn mit dem «reinen Hirten» kann Christus (oder auch Gott) gemeint sein. Die Begleitung durch Paulus «auf dem Wagen» dürfte sich am ehesten auf die Lektüre von Paulusbriefen beziehen, die Aberkios auf seinen Reisen mit sich führte. Auch die Erwähnung des «Glaubens» (griechisch: *pístis*) lässt sich christlich deuten. Gleiches gilt für die Beschreibung der Speise: Der Fisch ist seit früher Zeit ein christliches Symbol, das sich auf diversen frühen Grabinschriften findet, mitunter gemeinsam mit dem Akronym *ICHTHYS*, dem griechischen Wort für «Fisch», dessen Buchstaben sich zu *Iēsous Christós Theou Hyiós Sōtēr* (= «Jesus

Christus Gottes Sohn Retter») ergänzen lassen. (Misch-)Wein und Brot sind eine deutliche Anspielung auf die Eucharistie. Die «reine Jungfrau», die sie reicht, ist vermutlich eine Metapher für die Gemeinde (vgl. 2 Kor 11,2).

Schließlich spricht Aberkios von seinen weiten Reisen, die ihn nach Rom und nach Syrien, bis hinter den Euphrat, geführt haben. Dabei hat er offenbar die römische Gemeinde kennengelernt (darauf dürfte der Ausdruck «Volk mit einem glänzenden Siegel» hindeuten) und auch im Osten überall Glaubensgefährten gefunden. Die Inschrift gibt damit einen überaus interessanten Einblick in die weite Verbreitung christlicher Gemeinden und die Reisemöglichkeiten eines wohlhabenden Christen in der zweiten Hälfte des 2. Jahrhunderts.

Die apokryphen Apostelakten und die pagane Gesellschaft

Ein weiteres wichtiges Zeugnis für die Ausbreitung des frühen Christentums in nichtjüdische Bereiche hinein sind die apokryphen, d. h. nicht als kanonisch betrachteten Apostelakten. Es handelt sich dabei um romanhafte Darstellungen des Wirkens der Apostel, deren älteste – die Akten des Johannes, Petrus, Paulus, Andreas und Thomas – im 2. und 3. Jahrhundert entstanden sind. Diese fünf Erzählungen sind bereits im antiken Christentum als zusammengehörig betrachtet und zu einem Buch zusammengestellt worden, obwohl sie ursprünglich eigenständige Darstellungen des Wirkens der jeweiligen Apostel waren. Die Erzählungen schildern in ausführlichen, oft phantastischen Episoden, wie durch die Apostel der christliche Glaube nach Kleinasien, Griechenland, Rom und im Fall der Thomasakten sogar bis nach Indien gelangt ist. Euseb fasst das am Anfang des 4. Jahrhunderts in seiner *Kirchengeschichte* so zusammen: Die Apostel hätten sich über die gesamte Erde zerstreut, wobei jeder in eine andere Region gelangt sei. Dem lässt Euseb eine Aufzählung der Apostel samt der ihnen zugewiesenen Regionen folgen (*Kirchengeschichte* III 3,1).

Mitunter können die Apostelakten an das Neue Testament

anknüpfen. So erzählen etwa die Paulusakten den Weg des Paulus von seiner Berufung bis zu seinem Martyrium. Damit stellen sie eine Parallelerzählung zur Apostelgeschichte des Neuen Testaments dar. Sie greifen auf die dort sowie in den Paulusbriefen zu findenden Überlieferungen zurück, bauen sie legendarisch aus und reichern sie mit weiteren Episoden an. So findet sich etwa zusätzlich zu den Korintherbriefen des Neuen Testaments eine Korrespondenz zwischen Paulus und der Gemeinde in Korinth, die ein offenbar weiterhin umstrittenes Thema – nämlich die Auferstehung der Toten – behandelt (vgl. 1 Kor 15). Etliche Orte der Paulusmission, die aus dem Neuen Testament bekannt sind, etwa Antiochia, Ephesus und Philippi, werden hier ebenfalls genannt. Ein eigener Teil der Paulusakten, der vermutlich ursprünglich selbständig überliefert wurde, bietet eine Erzählung vom Verhör und der Hinrichtung des Paulus in Rom unter Kaiser Nero. Davon verlautet im Neuen Testament noch nichts, es handelt sich also um eine zur Paulustradition neu hinzutretende Legende, die das in der Apostelgeschichte berichtete Kommen des Paulus nach Rom voraussetzt und deren Glaubwürdigkeit durch das Grab des Paulus an der Via Ostiense auch archäologisch bezeugt wird.

Von der Macht der christlichen Botschaft, Menschen zu einem enthaltsamen Leben zu bekehren, handeln die Theklaakten, die vermutlich erst nachträglich mit den Paulusakten vereinigt wurden. Thekla ist eine junge Frau aus Kleinasien, die Paulus predigen hört, aufgrund seiner Worte ihre Verlobung löst, ein asketisches Leben wählt und Paulus auf seiner Reise folgt. Sie wird dafür angefeindet, u. a. selbst von ihrer Mutter, und erleidet auf ihrer Reise mit Paulus durch Kleinasien zweimal Martyrien, aus denen sie jedoch durch göttliches Eingreifen gerettet wird. Dass die Theklaakten ursprünglich ein selbständiges Werk waren, wird durch zahlreiche Handschriften bezeugt, die nur die Theklaakten überliefern. Sie sind ein bemerkenswertes Zeugnis aus dem frühen 2. Jahrhundert, in dessen Zentrum eine Frau steht, die durch die Verkündigung des Evangeliums zu einem ehelosen Leben geführt wird und für sich beansprucht, taufen und lehren zu dürfen (was später von Tertullian scharf kritisiert wird; vgl. seinen Traktat *Über die Taufe* 17,5).

Das Neue Testament berichtet, wie der heidnische Magier Simon in einer Stadt in Samarien von den Aposteln die Gabe der Geistvermittlung käuflich erwerben will und dafür von Petrus mit einem Fluch belegt wird (Apg 8,9–24). An diese Episode knüpfen die Petrusakten an und bauen sie aus. Erzählt wird ein sich zuspitzender Kampf zwischen Petrus und Simon, in dem Petrus schließlich siegt, was zugleich einen Sieg des Gottes, dem Petrus vertraut, über die heidnischen Praktiken des Simon bedeutet. Am Ende wird Petrus in Rom gekreuzigt, nachdem er zuvor, bei dem Vorhaben, die Stadt zu verlassen, dem auferstandenen Christus begegnet ist. Dabei kommt es zu der berühmten «Quo vadis»-Szene: Petrus fragt, wohin der Herr gehe («Domine, quo vadis?»), worauf dieser ihn auffordert, in die Stadt zurückzukehren, um das Martyrium zu erleiden. Grund für das Martyrium ist, dass aufgrund der Predigten des Petrus Frauen sich ihren Männern versagten und diese sich nun gegen ihn wendeten. Sowohl die Szene zwischen Petrus und Simon Magus als auch die Kreuzigung des Petrus sind ikonographisch oft dargestellt worden.

Für die Johannes-, Andreas- und Thomasakten liegen keine älteren Überlieferungen vor. Sie erzählen romanhafte, oftmals phantastische Episoden von der Ausbreitung des christlichen Glaubens durch das Wirken der Apostel, die auf ihren Reisen heidnische Menschen zum Glauben bekehren, Tote zum Leben erwecken und weitere machtvolle Taten vollbringen. Wie auch schon in den Paulus- und Petrusakten treten sprechende Tiere auf, die Anweisungen der Apostel ausführen.

Einen bedeutsamen Akzent legen die apokryphen Apostelakten auf die Überwindung des heidnischen Götterglaubens durch die Apostel, die dazu häufig Götterstatuen oder Tempel zerstören (Johannes z.B. bringt den berühmten Artemistempel in Ephesus zum Einsturz). Einen weiteren Schwerpunkt bildet die Propagierung der asketischen Lebensweise. Berichte über die von den Aposteln Bekehrten – zumeist handelt es sich um Frauen – sind nicht auf die apokryphen Texte beschränkt, sondern finden sich auch in anderen frühchristlichen Schriften. Sie geben damit Einblick in ein frühchristliches Ethos der Ehelosigkeit und sexuellen Enthaltsamkeit (vgl. dazu unten, Teil III.1).

Genannte Rituale wie die Eucharistie (in den Johannes- und Thomasakten) oder ein liturgischer Tanz (in den Johannesakten) lassen erkennen, welche Rituale in manchen Regionen zu bestimmten Zeiten eine Rolle spielten und in welcher Form sie gefeiert wurden. Die meisten Apostelakten schildern ausführlich die Martyrien der Apostel: etwa die Kreuzigungen des Petrus und Andreas – Ersterer mit dem Kopf nach unten – oder die Enthauptung des Paulus mit dem Schwert. Diese Martyrien sind häufig auch separat überliefert und bildlich dargestellt worden. Die Apostel werden dadurch zu Vorbildern des Erduldens von Verfolgung und Leiden um des christlichen Glaubens willen. Betroffen sind auch jene, die sich den Aposteln anschließen, wie etwa Thekla in den Paulusakten. Die Apostelakten geben so Einblicke in Situationen, in denen sich der christliche Glaube gegenüber gesellschaftlichen, mitunter auch behördlichen Bedrängnissen behaupten musste. Auseinandersetzungen mit dem Judentum treten dagegen nicht in den Blick. Der Grund dafür könnte darin liegen, dass die Ausbreitung des christlichen Glaubens vor allem in den nichtjüdischen Bereich hinein erfolgte.

Die apokryphen Apostelakten gehören nicht zu den in den christlichen Kirchen anerkannten Schriften. Das ist vor allem darauf zurückzuführen, dass sie Auffassungen zu Ethik, christlichen Ritualen, mitunter auch zur Bedeutung Jesu Christi vertreten, die im Christentum Randerscheinungen geblieben sind. Das wird auch in der komplexen, mitunter kaum aufzuhellenden Überlieferungsgeschichte dieser Schriften deutlich. Gleichwohl stellen diese Schriften wichtige Zeugnisse für die Ausbreitung des christlichen Glaubens in die griechisch-römische Welt des 2. und 3. Jahrhunderts und die dabei auftauchenden Probleme dar. Darüber hinaus zeigen sie, wie die Apostel zentrale christliche Identifikationsfiguren wurden. Das hat sich auch in zahlreichen weiteren Texten, bildlichen Darstellungen, Reliquien und Erinnerungsorten der Apostel niedergeschlagen. So sind etwa die Traditionen über Petrus und Paulus in Rom bald zu einem gemeinsamen Zeugnis der beiden «Gründungsapostel» verbunden worden. Für die Entstehung des Christentums stellen die Apostelakten deshalb wichtige Zeugnisse dar.

Ihnen in gewisser Hinsicht vergleichbar sind die sogenannten «Pseudoclementinen», ein ebenfalls im 3. Jahrhundert entstandener Roman, der in zwei voneinander unabhängigen Fassungen, den sogenannten «Homilien» und den nur in lateinischer Übersetzung erhaltenen «Rekognitionen» («Wiedererkennungen»), überliefert ist. Erzählt wird die Geschichte des Clemens, der der Überlieferung zufolge dritter Bischof von Rom nach Petrus war. Antworten auf die Grundfragen des Lebens suchend, begibt er sich auf Reisen und schließt sich in Palästina dem Petrus an. Als dessen Begleiter erlebt er die Konflikte mit Simon Magus, die in beiden Fassungen breiten Raum einnehmen. Ein weiterer Strang der Erzählung ist, dass Clemens seine Familie wiederfindet («wiedererkennt»). Dispute über die Erkenntnis Gottes und den Nachweis, dass heidnischer Götterglaube, Magie und Astrologie nicht den Weg zum wahren Leben weisen können, prägen die Erzählung.

Die Pseudoclementinen unterscheiden sich von den Apostelakten sowohl in ihrer theologischen Ausrichtung als auch in ihrer Ethik. Die Schrift hat ein deutliches Interesse an der Bewahrung des jüdischen Erbes im christlichen Glauben und vertritt kein Ideal der Keuschheit und Ehelosigkeit. Ihr Wert liegt wie bei den Apostelakten darin, Zeugnis von der Inkulturation des Christentums in die griechisch-römische Gesellschaft zu geben.

Die Taufe

Zur Verbreitung der Christusbotschaft gehörte wesentlich die Taufe. Sie wurde an allen vollzogen, die der christlichen Gemeinschaft beitraten, besiegelte als Ritual ihren Eintritt und bildete damit das einheitsstiftende Band, das religiöse, geschlechtliche und soziale Unterschiede nivellierte (vgl. Gal 3,27 f.). Der Auftrag zur Taufe, die in der Frühzeit vor allem eine Erwachsenentaufe war, konnte unmittelbar auf Jesus zurückgeführt werden, der allerdings selbst vermutlich nicht getauft hatte. Offenbar hat das Christentum die von Johannes dem Täufer praktizierte Taufe übernommen, sie jedoch mit eigenen Interpretationen versehen.

Am Ende des Matthäusevangeliums erteilt der auferstandene Jesus seinen Jüngern den Auftrag, zu allen Völkern zu gehen, sie zu Jüngern zu machen, auf den Namen des Vaters und des Sohnes und des Heiligen Geistes zu taufen und sie zu lehren, alles zu bewahren, was er ihnen aufgetragen hat (Mt 28,19 f.). Eine solche dreigliedrige Tauffformel findet sich auch in der Didache, einer gegen Ende des 1. oder am Beginn des 2. Jahrhunderts entstandenen Gemeindeordnung. Das dreiteilige Bekenntnis zu Vater, Sohn und Heiligem Geist (das noch kein «trinitarisches» Bekenntnis ist) entstand demnach offenbar in engem Zusammenhang mit der Taufe. Die Taufe, die in der Anfangszeit eine solche auf den Namen Jesu Christi war (vgl. z. B. Röm 6,3; Gal 3,27; Apg 2,38; 8,16; 10,48), entwickelte sich schon bald zu einem Ritual, bei dem vom Täufling das Bekenntnis zu Vater, Sohn und Heiligem Geist gesprochen wurde.

War mit der Taufe der Beitritt zur christlichen Gemeinschaft symbolisch besiegelt, so hatte das unmittelbare Konsequenzen. Damit verbunden war eine Abwendung vom bisherigen Leben, z. B. von der Verehrung anderer Götter, sowie die Verpflichtung auf ein Leben gemäß dem christlichen Ethos. Dieser Einschnitt wurde als sehr radikal aufgefasst und dürfte es vor allem für Nichtjuden in den meisten Fällen auch gewesen sein. Die Taufe wurde dementsprechend als «Tod» im Sinne des Abschieds vom alten Leben und «Auferstehung» oder «Wiedergeburt» zu einem neuen Leben interpretiert. Sie wurde zudem als Verbindung mit Tod und Auferweckung Jesu Christi bzw. als «Wiedergeburt» oder «zweite Geburt» verstanden. Diese Deutungen finden sich bereits im Neuen Testament (vgl. Röm 6,1–12; Tit 3,5; 1 Petr 1,3.23) und wurden später weiterentwickelt. Eng damit verbunden war die Deutung der Taufe als Abwaschen der bisherigen Sünden und der Umkehr vom bisherigen Leben. Bereits die Taufe des Johannes war eine «Umkehrtaufe zur Vergebung der Sünden» (Mk 1,4). Das wurde auch für das christliche

Verständnis der Taufe grundlegend. Bei Justin, der in seiner *1. Apologie* eine Beschreibung des Rituals gibt, geht der Taufe eine Unterweisung in den christlichen Lehren sowie ein Bußritual, bestehend aus Fasten und der Bitte um Sündenvergebung, voraus. Die Taufe, das Wasserbad im Namen Gottes, Jesu Christi und des Heiligen Geistes, heißt «Erleuchtung», weil es den Geist der Getauften erleuchtet.

Die Taufen konnten zunächst an verschiedenen Orten, an denen fließendes Wasser vorhanden war, durchgeführt werden. Später wurden sie in eigenen Räumen, den Baptisterien, durchgeführt. Diese waren mit Taufbecken *(piscinien)* ausgestattet, die ab dem 3. Jahrhundert auch archäologisch bezeugt sind. Sie waren mit einem Wohnhaus, das als Versammlungsraum der Gemeinde diente, später dann mit einer Kirche verbunden.

Bei den Taufbecken handelte es sich in der Regel um in den Boden eingelassene Becken, die kreuzförmig, aber auch rechteckig, rund oder oktogonal sein konnten. In diese stiegen Täufling und Täufer gemeinsam hinein, woraufhin der Täufling dreimal mit Wasser begossen (oder untergetaucht) und ihm das dreiteilige Bekenntnis in Form von Fragen vorgelegt wurde, die er mit «Ich glaube» beantwortete. Anschließend kam er auf der dem Einstieg gegenüberliegenden Seite wieder aus dem Becken heraus und empfing Salbung und Handauflegung zur Geistverleihung. Die Aufnahme in die Gemeinde wurde anschließend durch die gemeinsame Eucharistiefeier abgeschlossen.

Die Taufpraxis der verschiedenen christlichen Gruppen unterschied sich offenbar nicht grundlegend. Differenzen bestanden jedoch im Blick auf ihre inhaltliche Deutung. Strittig war vor allem, ob der Abschied vom bisherigen Leben und die Reinigung von den Sünden im Zentrum stehen oder ob die Taufe Vollkommenheit, Unsterblichkeit und damit die vollkommene Erlösung vermittelt. Letzteres war die Auffassung einiger frühchristlicher Lehrer und wurde dementsprechend in christlichen bzw. «gnostischen» Gruppen gelehrt.

Zwischen Judentum und paganer Welt

Die schnelle Ausbreitung des Christentums im Römischen Reich brachte es mit sich, dass die Christen zunehmend ein eigenes Profil gegenüber dem Judentum ausbildeten. Gegenüber der paganen Gesellschaft, in die sie sich integrierten, markierten sie allerdings deutlichere Grenzen. Dabei spielten vor allem ethische Vorbehalte gegenüber der heidnischen Lebensweise sowie die Verweigerung der Verehrung anderer Götter und des Kaisers eine wichtige Rolle. Das führte zu Anfeindungen durch die Umwelt und zu verschiedenen politischen Maßnahmen, bis es am Beginn des 4. Jahrhunderts zu einer reichsweiten Christenverfolgung kam. In der allgemeinen Wahrnehmung waren die Christen Menschen, die sich einem der Gemeinschaft zuträglichen Verhalten verweigerten und dafür ausgegrenzt, angeklagt und verurteilt werden konnten.

Die Christen nahmen ihre Lage deshalb als diejenige von «Fremden» wahr (vgl. 1 Petr 1,1.17; 2,11). Zugleich verstanden sie sich als «neues Geschlecht», «drittes Geschlecht» oder als eines, «das Gott auf neue Weise durch Christus verehrt». Diese Formulierungen finden sich im 2. Jahrhundert bei dem Apologeten Aristides, im Brief an Diognet und in einer bei Clemens von Alexandria überlieferten, dem Petrus zugeschriebenen Predigt. (Die bei Tertullian zur Verunglimpfung der Christen durch ihre Gegner bezeugte Bezeichnung «drittes Geschlecht» ist davon zu unterscheiden.) Schon Paulus hatte die an Christus Glaubenden als dritte Gruppe neben Juden und Griechen als diejenigen charakterisiert, «die Christus, den Gekreuzigten, verkünden» (1 Kor 1,22 f.). In 1 Kor 10,32 stellt er «Juden, Griechen und die Gemeinde Gottes» nebeneinander. Während allerdings die Verbindung zum jüdischen Gottesglauben und den jüdischen Schriften ungeachtet einsetzender Trennungsprozesse grundlegend für den Christusglauben blieb, erfolgte die Integration in die pagane griechische Gesellschaft nur allmählich und war mit Vorbehalten verbunden, die vor allem das Alltagsleben und die religiöse Praxis betrafen. Das wird in den folgenden Teilen näher dargestellt.

2. Christlicher und jüdischer Glaube

Der gemeinsame Schriftenbestand

Im 1. Korintherbrief, den der Apostel Paulus zwischen den Jahren 53 und 55 des 1. Jahrhunderts aus Ephesus geschrieben hat, zitiert er folgendes Bekenntnis:

> (Es ist) ein Gott, der Vater, aus dem alle Dinge sind und wir auf ihn hin, und ein Herr Jesus Christus, durch den alle Dinge sind und wir durch ihn. (1 Kor 8,6)

Es handelt sich um den frühesten Beleg für ein zweigliedriges Bekenntnis, in dem zusätzlich zu Gott der «Herr Jesus Christus» genannt wird. Diese Verbindung zeigt, dass der Glaube an Jesus Christus den Glauben an den Gott Israels immer voraussetzt. Wer sich zu Jesus Christus bekennt, bekennt sich also auch zum Gott Israels als dem einzigen Gott und Schöpfer der Welt. Das ist weniger selbstverständlich, als es auf den ersten Blick erscheinen mag. Paulus schreibt hier, wie in allen seinen Briefen, an nichtjüdische Christusgläubige. Auch sie werden auf den Glauben an den Gott Israels verpflichtet. Paulus – der wie Jesus und seine Jüngerinnen und Jünger Jude war – interpretierte den Christusglauben selbstverständlich im Horizont der jüdischen Schriften und Traditionen. Das Bekenntnis zu dem einen Gott wird aber aus einer bestimmten Perspektive interpretiert. Sein zweiter Teil besagt, dass Gott durch Jesus Christus alle Dinge geschaffen hat, sich also durch ihn in der Welt zu erkennen gibt. Schließlich unterscheidet das Bekenntnis den Glauben an Gott und Jesus Christus strikt von der Verehrung vieler Götter, wie sie in der griechisch-römischen Welt gängig war. Paulus stellt es der Annahme entgegen, es gebe «viele Götter und viele Herren» (1 Kor 8,5). Der Glaube an den einen Gott ist deshalb ein Merkmal, das den christlichen und den jüdischen Glauben von Anfang an miteinander verbindet. Wenn der Glaube an Jesus Christus dazu tritt, wird dadurch die Einzigkeit

Gottes nicht verletzt, sondern vielmehr in spezifischer Weise gedeutet: als die Weise, durch die Gottes Wirken in der Welt erkannt werden kann und sein Heil zugänglich ist.

Die zentrale biblische Stelle für das Bekenntnis zu dem einen Gott findet sich in 5. Mose 6,4: «Höre Israel, der Herr, unser Gott, ist *ein* Herr.» Diese Aufforderung steht hinter den entsprechenden Bezugnahmen auf den *einen* Gott im Neuen Testament. Bei Paulus begegnet sie uns noch an einer anderen Stelle, an der er ausdrücklich darauf hinweist, dass der Gott, der Juden und Heiden gerecht macht, derselbe *eine* Gott ist (Röm 3,29 f.).

Die Verbindung zu seinem jüdischen Ursprung ist für Inhalt und Gestalt des christlichen Glaubens von grundlegender Bedeutung, obwohl es zum ersten Mal durch Markion, der um 140 als christlicher Lehrer in Rom wirkte, den Versuch gegeben hat, den Christusglauben als unvereinbar mit dem jüdischen Glauben zu profilieren. Markion behauptete einen Widerspruch zwischen dem Gott der jüdischen Bibel, dem Schöpfer der Welt, einerseits und dem obersten Gott und Vater Jesu Christi andererseits. Darauf basierend behauptete er einen radikalen Gegensatz von Gesetz und Evangelium. Er berief sich dazu auf eine von ihm selbst zusammengestellte Sammlung christlicher Schriften, bestehend aus dem Lukasevangelium und zehn Paulusbriefen. Diese bearbeitete er so, wie sie seiner Auffassung nach ursprünglich gelautet hatten, indem er diejenigen Aussagen, die sich positiv auf die jüdischen Schriften bezogen, entfernte.

Die Entgegensetzung eines angeblich zornigen, strafenden Gottes der jüdischen Bibel und des gütigen, liebevollen Vaters Jesu Christi, aus der Markion zufolge die Unvereinbarkeit von jüdischem und christlichem Glauben folgt, hat sich jedoch nicht behaupten können, ungeachtet gelegentlicher Versuche, diese Position zu erneuern. Stattdessen hat sich die Auffassung durchgesetzt, dass die jüdischen Schriften den maßgeblichen Deutungshorizont für das Auftreten Jesu Christi und damit einen unverzichtbaren Teil des christlichen Glaubens darstellen. Dabei spielten Impulse aus den Evangelien und den Paulusbriefen eine Rolle, die als Zeugnis für die Identität des Gottes Israels mit dem Vater Jesu Christi interpretiert wurden. In intensiver

Auseinandersetzung mit Markion wurde deshalb seit der Mitte des 2. Jahrhunderts – etwa durch Justin, Irenäus und Tertullian – dargelegt, dass die jüdischen Schriften für den christlichen Glauben grundlegend sind.

Die christliche Bibel besteht daher aus zwei Teilen: dem Alten und dem Neuen Testament. Diese beiden Teile stehen allerdings nicht einfach *neben*einander, sondern in einem spezifischen Verhältnis *zu*einander: Das Neue Testament ist nicht lediglich die Fortsetzung des Alten Testaments, sondern interpretiert es als prophetisches Zeugnis, das auf Jesus Christus verweist. Etliche Schriften des Neuen Testaments beziehen sich auf die Schriften des Alten Testaments als Verheißungen, die durch Jesus Christus in Erfüllung gegangen sind. So heißt es im Matthäusevangelium häufig, dass die Ereignisse des Wirkens und Geschicks Jesu geschahen, «damit erfüllt wird, was gesagt ist vom Herrn durch den Propheten, der spricht ...» oder ähnlich (z. B. Mt 1,22; 2,15.17; 4,14; 8,17; 12,17). Im Lukasevangelium wird das Wirken Jesu mit Hilfe eines Zitates aus dem Buch Jesaja interpretiert, von dem anschließend gesagt wird, dass es sich «heute» erfüllt habe (Lk 4,18–21). Der Hebräerbrief beginnt mit der Aussage: «Vor Zeiten und auf vielfache Weise hat Gott zu den Vätern geredet durch die Propheten, am Ende der Tage hat er zu uns geredet durch den Sohn» (Hebr 1,1 f.). Gottes «Reden» durch die Propheten – womit die jüdischen Schriften gemeint sind, die als prophetisches Zeugnis aufgefasst werden – wird also in eine zeitliche und sachliche Kontinuität zu seinem «Reden» durch Jesus Christus in der Gegenwart gesetzt. Zugleich wird mit dem Verweis auf die «letzten Tage» deutlich gemacht, dass es sich dabei um ein Geschehen mit endgültiger Bedeutung handelt.

Mit der Auslegung der verbindlichen jüdischen Schriften für die eigene Gegenwart sowie im Blick auf Gottes Handeln in der Zukunft knüpft das entstehende Christentum an eine auch anderweitig im Judentum, z. B. in Texten aus Qumran und bei dem jüdischen Religionsphilosophen Philo von Alexandria, anzutreffende Form der Schriftauslegung an. Dabei legt das Christentum die jüdischen Schriften vom Glauben an Jesus Christus her aus und gibt ihnen damit eine neue Bedeutung. So interpretiert etwa Paulus den Glauben Abrahams als Präfiguration des christlichen Glaubens: Abraham wurde sein Glaube ohne Werke und ohne Beschneidung zur Gerechtigkeit angerechnet; er hat an den Gott geglaubt, der Tote lebendig macht. Damit ist er zum Stammvater aller geworden, die an den Gott glauben, der Jesus Christus von den Toten auferweckt hat (Röm 4). Im Matthäusevangelium wird betont, Jesus sei nicht gekommen, um Tora und Propheten aufzulösen, sondern um sie zu erfüllen (Mt 5,17). Das geschieht sowohl durch die Interpretation der Tora durch Jesus in der Bergpredigt (Mt 5,20–48) als auch durch seinen Weg insgesamt, von der Geburt bis zu seiner Passion. Im Lukasevangelium legt der auferstandene Jesus die jüdischen Schriften auf sich selbst hin aus (Lk 24,27.44). Nach dem Hebräerbrief ist der vom Propheten Jeremia angekündigte «neue Bund» durch Jesus Christus Wirklichkeit geworden (Hebr 8–9; vgl. Jer 31,31–34). Diese Beispiele aus neutestamentlichen Schriften ließen sich leicht vermehren. Sie zeigen, dass das Wirken Jesu Christi im Horizont der Schriften Israels gedeutet wurde.

Für die frühen Christen gab es dabei noch kein «Altes Testament». Diese Bezeichnung ist vielmehr zuerst um 170 bei Melito, Bischof der kleinasiatischen Stadt Sardes, belegt. Zuvor wurden die jüdischen Schriften von den Christusgläubigen, genauso wie von den Juden, als «die Schrift», «die Schriften» oder «die heiligen Schriften» bezeichnet. Sie konnten auch «das Gesetz (oder: Mose) und die Propheten» genannt werden (z.B. Röm 3,21; Mt 5,17 u.ö.), eine Bezeichnung, die auch in jüdischen Schriften vorkommt und darauf verweist, dass das «Gesetz», also die fünf Bücher der Tora, und die «Propheten» die wichtigsten Schriften des Judentums waren. Dazu konnten weitere Texte treten, etwa die Psalmen (vgl. Lk 24,44). Umfang und Textgestalt dieser Schriften waren allerdings längere Zeit flexibel. Die jüdische und die christliche Bibel entstanden in komplexen Entwicklungen bis etwa zur Mitte des 4. Jahrhunderts. Eine wichtige Voraussetzung dafür war, dass frühchristliche Schriften – vor allem die Briefe des Paulus und anderer Apostel sowie die Evangelien – selbst den Status verbindlicher, autoritativer Schriften erlangten und auf diese Weise als «Neues Testament» neben die jüdischen Schriften traten und diese in eine neue Perspektive rückten.

In Reaktion auf die christliche Auslegung der jüdischen Schriften konzentrierte sich das Judentum nach dem Jahr 70, also nach der Zerstörung Jerusalems und des Tempels durch die Römer, auf die hebräischen Schriften und formierte daraus eine Sammlung autoritativer Texte, in deren Zentrum die Tora stand, die durch die «Propheten» und die «Schriften» ergänzt wurde. Die dritte Gruppe der «Schriften» (Psalmen, Sprüche, Hiob, Klagelieder u.a.) hat sich dabei erst im Zuge der Festlegung des Bestandes verbindlicher Schriften gefestigt. Die nunmehr anzutreffenden Listen der zur jüdischen Bibel gehörigen 22 bzw. 24 Bücher entstanden nicht zuletzt als Reaktion auf die Herausbildung der christlichen Bibel. Für die Interpretation der jüdischen Schriften im nach dem Jahr 70 sich formierenden rabbinischen Judentum war von Beginn an die mündliche Tradition maßgeblich. Sie galt als gemeinsam mit dem schriftlichen Gesetz Mose am Sinai offenbart. Ihr Grundbestand wurde in der Mischna (der um 200 entstandenen schriftlichen Sammlung mündlicher Auslegungstraditionen) schriftlich fixiert.

Die parallel zur Formierung der jüdischen Bibel entstandene christliche Bibel war im Bestand des «Alten Testaments» an der griechischen Übersetzung der hebräischen Schriften, der sogenannten «Septuaginta» (lateinisch für «Siebzig», weil sie von siebzig Übersetzern geschaffen worden sein soll), orientiert. Zudem enthält die Septuaginta einige Schriften, die nicht in die jüdische Bibel aufgenommen wurden: die Bücher Tobit, Judit, Sirach, Weisheit Salomos, Baruch, das 1. und 2. Makkabäerbuch, Zusätze zu den Büchern Ester und Daniel sowie das Gebet Manasses. Das christliche «Alte Testament» hat außerdem einen anderen Aufbau als die jüdische Bibel. In Letzterer folgen Tora, Propheten und Schriften aufeinander, in Ersterem dagegen Pentateuch, Geschichtsbücher und Prophetenbücher. Die gegenüber dem Judentum andere Auslegungstradition ist dadurch begründet, dass die Schriften hier auf der Basis des Christusbekenntnisses interpretiert werden.

Judentum und Christentum sind also durch einen gemeinsamen Schriftenbestand miteinander verbunden, der aber eine je eigene Gestalt hat und auf unterschiedliche Weise ausgelegt wird. Sind die Schriften des Neuen Testaments noch im Wesentlichen durch innerjüdische Differenzierungsprozesse geprägt – die Autoren der meisten neutestamentlichen Schriften waren selbst Juden –, so ändert sich dies in späteren Schriften, womit sich zugleich die Tonlage des Diskurses verschärft. Das rabbinische Judentum reagierte auf die christliche Rezeption der heiligen Schriften, indem es z. B. die Entrückung Henochs in den Himmel (vgl. 1. Mose 5,24) bestritt und die Vorstellung von zwei göttlichen Wesen vehement ablehnte. Das ist offenkundig gegen die christliche Interpretation der jüdischen Schriften gerichtet: Henoch wurde in christlichen Schriften als Beispiel für einen Gerechten gedeutet, den Gott lebend zu sich genommen hatte und der damit auf die zukünftige Auferstehung Christi vorausverweist. Bereits früheste christliche Zeugnisse deuten Jesus Christus als göttlichen Repräsentanten, der an Gottes Wesen partizipiert und dem Gott die Macht übertragen hat. Dazu wurden jüdische Vorstellungen von Repräsentanten Gottes aufgegriffen und auf Jesus übertragen. Die rabbinischen Interpretationen bestreiten diese Deutungen und weisen damit die Behauptung zurück, die jüdischen Schriften bezögen sich auf Jesus Christus.

Anfänge der Trennung von «Judentum» und «Christentum»

Die Reaktion des Judentums auf das entstehende Christentum wird auch an der Polemik gegen Jesus im Talmud deutlich. Diese richtet sich u. a. gegen die Geburt Jesu von einer Jungfrau und gegen seine angebliche Fähigkeit zu heilen. Gegen die Jungfrauengeburt wird behauptet, Maria sei von einem römischen Soldaten außerehelich schwanger geworden – eine Polemik, die auch bei dem oben bereits genannten griechischen Philosophen Kelsos anzutreffen ist. Des Weiteren wird Jesus als ungehorsamer und unkeuscher Schüler dargestellt, seine Verurteilung zum

Tod (durch Aufhängen, nicht durch Kreuzigung!) sei erfolgt, weil er Zauberkünste praktiziert und Israel dazu verführt habe, fremde Götter anzubeten. Diese Überlieferungen wurden im Mittelalter (9./10. Jahrhundert) unter dem Titel *Toledot Jeschu* («Ursprünge Jesu») zusammengestellt.

Die christliche Seite wiederum bestritt das jüdische Verständnis der biblischen Schriften. Auf sehr polemische Art tut dies der um 130 entstandene *Barnabasbrief*. Die Schrift ist dem Paulusbegleiter Barnabas (vgl. Apg 13–15) sekundär zugeschrieben worden, weist jedoch einen ganz anderen Charakter auf, als man es von diesem erwarten würde. Sie zitiert die jüdischen Schriften sehr häufig, bestreitet dabei jedoch grundsätzlich, dass sich das Judentum auf die dort zu findenden Worte und Verheißungen berufen könne. Es habe den Anspruch, das Volk des Bundes zu sein, bereits zur Zeit des Mose eingebüßt, weil es sich den Götzen zugewandt habe (*Barn* 4,6–8; 14,1–3). Dagegen verweise die Schrift seit jeher auf Christus voraus, weshalb die Christen die wahren Erben des Bundes seien (6,10–19; 14,4–9).

Der um die Mitte des 2. Jahrhunderts in Rom wirkende christliche Philosoph Justin setzt sich intensiv mit der jüdischen Schriftinterpretation auseinander und stellt ihr die christliche Sicht entgegen. In seiner Schrift «Dialog mit dem Juden Tryphon» inszeniert er ein fiktives Gespräch mit einem jüdischen Gesprächspartner über das richtige Verständnis der biblischen Schriften. Eine wichtige Rolle spielt dabei die «richtige» Interpretation von Jesaja 7,14: «Siehe, die junge Frau ist schwanger und gebiert einen Sohn, den wird sie Immanuel nennen.» In der Septuaginta wird der hebräische Ausdruck für «junge Frau» *(almah)* mit einem Begriff übersetzt, der auch «Jungfrau» (griechisch: *parthénos*) bedeuten *kann*, es allerdings nicht *muss*. Während Justin die Stelle als Beleg für die Geburt Christi aus einer Jungfrau deutet (Kap. 43; 66), vertritt Tryphon ein «historisches» Verständnis der Passage: Sie beziehe sich auf Ezechias (Hiskia), den König von Juda zwischen 725 und 696 v. Chr., und sei zu dessen Zeiten auch in Erfüllung gegangen.

In einer weiteren Argumentation legt Justin dar, dass die Juden, obwohl sie Weissagungen hatten, Christus nicht anerkannten, als er gekommen war, und ihn sogar misshandelten, während die Heiden sich ihm mit Freude anschlossen. Die Juden hätten Jesus sogar getötet, weshalb sie die Strafe, die jetzt über sie gekommen sei, zu Recht erleiden würden. Justin bezieht sich dabei in seiner *1. Apologie* auf die Zerstörung Jerusalems sowie auf eine Anordnung Kaiser Hadrians, welche es Juden verbot, in Jerusalem zu wohnen. Auch dies wird mit Worten aus der Schrift begründet, wo dies bereits angekündigt werde (*1. Apologie* 47–49).

Justins Darlegungen zielen allerdings nicht auf eine Trennung der Christen von den Juden. In Kap. 47 des Dialogs mit Tryphon legt Justin dar, dass er diejenigen Juden akzeptiere, die an Christus glauben und sich zugleich an das Gesetz halten, wenn sie es den Heidenchristen nicht aufzwingen (eine Position, die bereits Paulus vertreten hatte). Justin hält es sogar für akzeptabel, dass sich zu Christus bekehrte Heiden von den Juden überzeugen lassen, nach dem Gesetz zu leben, wenn sie sich weiterhin zu Christus bekennen. Dagegen ist es für ihn nicht hinnehmbar, dass Heiden zunächst zum Christusglauben kommen und sich danach dem jüdischen Glauben zuwenden. Des Weiteren würden Juden, die die Christusanhänger verfluchen, im Endgericht verurteilt werden. Diese Differenzierungen zeigen, dass für Justin einerseits die Interpretation der jüdischen Schriften (in Form der Septuaginta) aus der Perspektive des Christusglaubens die nicht verhandelbare Grundlage für das Gespräch mit den Juden darstellt. Andererseits ist deutlich, dass seine Ausführungen nicht auf einen Abbruch, sondern eine Fortsetzung eines solchen Dialogs zielen.

Ein weiteres Beispiel ist das ebenfalls um die Mitte des 2. Jahrhunderts entstandene *Thomasevangelium*. Es handelt sich um eine Sammlung von Worten und Gleichnissen Jesu, die mitunter in kleine Szenen eingebettet sind, aber auch für sich stehen können. Darunter finden sich etliche Sprüche, in denen ein Ethos gegenüber jüdischen Bräuchen profiliert wird. Als die Jünger Jesus nach dem Nutzen der Beschneidung fragen, lautet seine Antwort:

> Wenn sie von Nutzen wäre, würde sie (gemeint ist: die Menschen) ihr Vater beschnitten aus ihrer Mutter zeugen. Jedoch die wahre Beschneidung im Geist hat alles gewonnen. (Spruch 53)

An einer anderen Stelle heißt es:

> Wenn ihr nicht fastet gegenüber der Welt, werdet ihr das Königreich nicht finden. Wenn ihr nicht den Sabbat als Sabbat haltet, werdet ihr den Vater nicht sehen. (Spruch 27)

Auffällig ist, dass jüdische Rituale wie Beschneidung, Fasten und Sabbatfeier nicht einfach übergangen, sondern umgedeutet werden. Das deutet darauf hin, dass der Verfasser jüdische Bräuche kannte und deren Kenntnis auch bei seinen Adressaten voraussetzt. Er grenzt die von den Jesusnachfolgern geforderte Lebensweise strikt von derartigen Praktiken ab und fordert demgegenüber eine Existenz als «Einzelne» und eine Ethik der Enthaltsamkeit von der «Welt». Dem korrespondiert eine Anthropologie, der zufolge der Mensch aus dem göttlichen Bereich kommt, in den er auch wieder zurückkehren soll. Den Weg dorthin weisen die Worte Jesu.

Genannt seien sodann die Briefe des Ignatius, der in der ersten Hälfte des 2. Jahrhunderts Bischof im syrischen Antiochia war. Ignatius schreibt seine Briefe an verschiedene, zumeist kleinasiatische Gemeinden, während er als Gefangener nach Rom gebracht wird. Er weist die Gemeinden an, sich dem Bischof und dem Presbyterium unterzuordnen, häufig zur Feier der Eucharistie zusammenzukommen und in der Gemeinde Einmütigkeit und Liebe walten zu lassen. Von einer jüdischen Lebensweise solle man sich fernhalten. Im Brief an die Gemeinde in Philadelphia schreibt er:

> Wenn euch jemand Judentum *(Ioudaïsmós)* auslegt, hört nicht auf ihn. Es ist nämlich besser, von einem beschnittenen Mann Christentum *(Christianismós)* zu hören, als von einem unbeschnittenen Judentum. (*Phld* 6,1)

In seinem Brief an die Magnesier warnt Ignatius davor, «gemäß dem Judentum *(Ioudaïsmós)*» zu leben, und ruft dazu auf, «gemäß dem Christentum *(Christianismós)»* zu leben. Es sei nämlich unangemessen, «Jesus Christus» zu sagen und jüdisch zu leben, denn das Judentum sei zum Glauben an das Christentum gekommen, nicht umgekehrt (*Magn* 8,1; 10,1.3). Ignatius ist damit der Erste, der den Begriff *Christianismós* verwendet und ihn dem *Ioudaïsmós* gegenüberstellt. Seine scharfen Abgrenzungen von einer jüdischen Lebensweise deuten darauf hin, dass die adressierten Gemeinden in einem Umfeld lebten, in dem auch jüdische Gemeinden existierten. Etliche aus den Gemeinden neigten offenbar dazu, jüdische Lebensformen zu praktizieren – entweder, weil sie selbst aus dem Judentum stammten, oder weil sie eine derartige Existenzweise als mit dem christlichen Glauben vereinbar beurteilten oder sich von der Verbindung zum Judentum soziale Heimat und Schutz vor Anfeindungen seitens der heidnischen Gesellschaft versprachen.

Noch einmal einen Schritt weiter geht dann Tertullian in seiner Schrift «Gegen die Juden». In dieser am Ende des 2. oder zu Beginn des 3. Jahrhunderts verfassten Schrift wird den Juden rundweg bestritten, das auserwählte Volk zu sein. Die Prophetien des Alten Testaments werden konsequent auf Christus bezogen und die Christen als das an die Stelle Israels getretene auserwählte Volk betrachtet. Der Grund dafür, dass die Juden ihren Status als erwähltes Volk verloren haben, wird darin gesehen, dass sie dem Gesetz Gottes nicht gehorsam gewesen sind und Götzen verehrt haben (unter Verweis auf die Episode vom Goldenen Kalb in 2. Mose 32). Wie auch der *Barnabasbrief* überträgt Tertullian die Weissagung an Rebekka, aus ihrem Leib würden zwei Völker hervorgehen, von denen das ältere dem jüngeren dienen werde (1. Mose 25,23), auf Juden und Christen (*Gegen die Juden* 1,3–4, vgl. *Barn* 13,2–6). Tertullians Schrift steht damit am Anfang der christlichen Adversus-Iudaeos-Literatur, die bis ins 5. Jahrhundert hinein fortwirken sollte.

Die genannten Texte lassen erkennen, dass sich Judentum und Christentum seit dem 2. Jahrhundert häufig polemisch voneinander abgrenzten und sich dabei auf die jüdischen Schriften und Traditionen bezogen. Dahinter müssen keine tatsächlichen Auseinandersetzungen zwischen Juden und Christen stehen. Die rabbinischen Texte waren an Juden gerichtet und sollten den Anspruch auf die eigenen Schriften und Traditionen begründen. Der *Barnabasbrief* richtet sich an Christen und legt die jüdischen Schriften so aus, dass ihr auf Christus verweisender Charakter deutlich wird. Justins *Dialog mit dem Juden Tryphon* ist kein wirklicher, sondern ein inszenierter Dialog, der den christlichen Anspruch auf die jüdischen Schriften begründen sollte. Das *Thomasevangelium* legt dar, dass die jüdischen Rituale nicht wörtlich zu nehmen, sondern für ein Leben entsprechend den Worten Jesu auszulegen seien. Ignatius warnt seine Gemeinden davor, einen jüdischen Lebensstil zu praktizieren, da dieser dem christlichen Glauben unangemessen sei.

Offenbar war es demnach begründungsbedürftig, dass die heiligen Schriften des Judentums tatsächlich auf Christus verweisen. Dargelegt werden musste zudem, dass Christen nicht mehr jüdisch leben sollten. Schließlich bedurfte es einer Rechtfertigung, dass sich Christen überhaupt auf die jüdischen Schriften und Traditionen beriefen und nicht zu der oben genannten Konsequenz Markions gelangten, den christlichen Glauben *ohne* einen solchen Rekurs zu entwickeln.

Eine solche Konsequenz wurde nicht nur von Markion gezogen. In einigen koptischen Schriften, die 1945 im oberägyptischen Nag Hammadi gefunden wurden, werden Interpretationen der biblischen Schöpfungserzählung (1. Mose 1–3) vorgenommen, in denen die Erschaffung der Welt und des Menschen auf einen niederen Gott, der auch «Demiurg» («Handwerker») heißt, zurückgeführt wird. Beispiele dafür sind die in Codex II unmittelbar aufeinander folgenden, miteinander verwandten Schriften «Die Hypostase der Archonten» und «Vom Ursprung der Welt». Eine weitere Schrift mit dem Titel «Das Apokryphon (die verborgene Schrift) des Johannes» ist unter den Nag-Hammadi-Schriften dreimal und ein weiteres Mal in einem anderen koptischen Codex (dem sog. Berolinensis Gnosticus) bezeugt. Den dort erzählten Schöpfungsmythos greift auch Irenäus, Bischof von Lyon, in seinem um 180 entstandenen Werk «Gegen die Häresien» als Lehre der «Barbelo-Gnostiker» auf (I 29). Dieser Mythos muss also im 2. Jahrhundert existiert haben. Er stellt eine Alternative zur Schöpfungserzählung am Anfang der Bibel dar. Der oberste Gott selbst ist in diesem Mythos unerkennbar und unaussprechlich. Er offenbart sich der «Barbelo» als einem ewigen göttlichen Prinzip. Daraus gehen sodann etliche weitere göttliche Figuren hervor. Derartige Schöpfungs- und Erlösungsmythen spitzten die Frage nach der Rezeption der jüdischen Traditionen in der christlichen Theologie und Kirche zu. Dabei hat sich schließlich die Auffassung durchgesetzt, dass die verbindlichen Schriften des Judentums gemeinsam mit den apostolischen Schriften aus der Anfangszeit des Christentums die beiden «Testamente» bilden, auf denen die Kirche gründet.

Diese Position wurde eindrücklich von Irenäus von Lyon vertreten. Anhand von Mt 13,52 («Jeder Schriftgelehrte, der ein Jünger des Himmelreichs geworden ist, gleicht einem Hausherrn, der aus seinem Schatz Altes und Neues hervorbringt») legt er dar, dass «die beiden Testamente» durch Jesus Christus hervorgebracht worden seien, der das Wort Gottes sei und schon mit Abraham und Mose gesprochen habe (*Gegen die Häresien IV* 9,1). Die theologische Begründung der Einheit von Altem und Neuem Testament, die weder selbstverständlich noch unbestritten war, führte schließlich dazu, dass Altes und Neues Testament gemeinsam als christliche Bibel im 4. Jahrhundert zur «kanonischen» Schriftgrundlage der christlichen Kirchen wurden.

Die verbindlichen Schriften des Judentums – Tora, Propheten und weitere Schriften – waren demnach gleichermaßen gemeinsame Basis und umstrittener Gegenstand der Auslegung durch rabbinisches Judentum und frühes Christentum. Die dabei erkennbar werdenden Sichtweisen weisen auf Differenzierungsprozesse zwischen Juden und Christen, aber auch zwischen verschiedenen christlichen Richtungen, hin. Es zeigt sich zudem der bereits im antiken Christentum entstehende und seither fortwirkende christliche Antijudaismus, welcher christliche Theologie und Kirche bis in die Gegenwart vor die Aufgabe stellt, derartigen Tendenzen entgegenzuwirken.

Institutionelle Ausdifferenzierungen

Die frühen Gemeinschaften der Christusgläubigen nannten sich «Jünger», «Heilige», «Weg» oder «die den Namen des Herrn Jesus Christus Anrufenden». Die Gemeinde in Jerusalem, die älteste christliche Gemeinde überhaupt, nannte sich *ekklēsía* («Versammlung»). Dieser Begriff wurde dann, z. B. von Paulus, auch für die mehrheitlich aus Nichtjuden bestehenden Gemeinden verwendet. Im Matthäusevangelium wird er für die aus dem Judentum hervorgegangene Gemeinschaft der Jesusnachfolger gebraucht, zu der auch Heiden gehören und die in Auseinandersetzung mit anderen jüdischen Gruppen, insbesondere mit den Pharisäern, darauf insistiert, dass Tora und «Propheten» in der *ekklēsía* so praktiziert werden, wie es Jesus gefordert hat und wie es dem Willen Gottes entspricht.

Die genannten Selbstbezeichnungen lassen das Selbstverständnis der Christusgläubigen als Gemeinschaften mit eigenen Merkmalen erkennen. Daraus konnten Konfrontationen mit jüdischen Gemeinden entstehen. Die Apostelgeschichte berichtet bereits von der christlichen Gemeinde zu Jerusalem, deren führende Vertreter (Petrus und Johannes, dann auch Stephanus) seien in Konflikt mit dem jüdischen Hohen Rat geraten, was zur Verhaftung von Petrus und Johannes und zum Martyrium des Stephanus geführt habe. Damit deutet sich die Ablehnung der Christusbotschaft von jüdischer Seite an, bei der es sich zunächst um innerjüdische Konflikte handelte, die dann zu institutionellen und theologischen Trennungen führten.

Das wird an der von Kaiser Claudius (reg. 41–54) angeordneten Ausweisung der Juden aus Rom deutlich. Diese etwa auf das Jahr 49 zu datierende Maßnahme wird bei dem römischen Kaiserbiographen Sueton darauf zurückgeführt, dass die Juden «aufgewiegelt von Chrestus fortwährend Aufruhr verursachten» (Sueton, *Claudius* 25,4). Diese Notiz bezieht sich vermutlich auf Unruhen unter den Juden Roms, die durch die Christusverkündigung verursacht wurden. Dass der Christusglaube bereits zu einem frühen Zeitpunkt nach Rom gekommen war, bezeugt auch der Römerbrief des Paulus, der um 56 aus Korinth geschrieben wurde und die Existenz christlicher Hausgemeinden in Rom voraussetzt (die Paulus allerdings nicht selbst gegründet hat). Sueton hat als Römer die Bedeutung des jüdischen Ausdrucks «Christus» («der Gesalbte») vermutlich nicht verstanden und ihn als den Namen «Chrestus» («der Nützliche») aufgefasst, der als römischer Sklavenname häufig belegt ist. Die Anordnung des Claudius wird auch in der Apostelgeschichte erwähnt. Dort heißt es, dass das jüdische Ehepaar Aquila und Priscilla nach Korinth gekommen war, «weil Claudius angeordnet hatte, dass alle Juden Rom verlassen müssen». Da sie Juden waren und denselben Beruf wie Paulus ausübten, wohnte er bei ihnen und arbeitete mit ihnen zusammen (Apg 18,2 f.). Später gingen sie gemeinsam nach Ephesus, von wo aus Paulus die korinthische Gemeinde von ihnen grüßen lässt (1 Kor 16,19). Aquila und Priscilla gehörten demnach zu den Juden Roms, die sich dem Christusglauben angeschlossen hatten. Dass die Christusverkündigung in Rom, ähnlich wie in Jerusalem, Unruhen unter den Juden hervorgerufen hatte, weist zudem auf Spannungen hin, die in der Folgezeit weiter zunehmen sollten.

Eine für diese Entwicklung im palästinischen Bereich prägende Phase war die Zeit zwischen 70 und 135, also zwischen den beiden von den Römern jeweils niedergeschlagenen jüdischen Aufständen. In dieser Zeit fielen wichtige Entscheidungen für das sich formierende rabbinische Judentum, die u. a. eine Abgrenzung zu den «Häretikern» (also zu abtrünnigen Juden) und den Umfang der jüdischen Bibel betrafen. Es handelt sich dabei um einen längeren Prozess und nicht, wie in der älteren Forschung mitunter vermutet, um eine spezifische «Synode», die nach der Zerstörung des Jerusalemer Tempels im Jahr 70 in Jamnia (einem Ort an der Mittelmeerküste, ca. 30 km südlich von Tel Aviv) stattgefunden habe.

In diesen Zusammenhang gehört auch die Aufnahme der sogenannten *Birkat ha-Minim*, einer Bitte um die Verfluchung der Ketzer, in das jüdische Achtzehnbittengebet. Diese Bitte richtete sich nicht speziell gegen die jüdischen Christusanhänger, allerdings konnten diese mit dem drohenden Ausschluss aus der jüdischen Gemeinde konfrontiert sein. Das Johannesevangelium gibt eine solche Atmosphäre zu erkennen, wenn es die Situation der an Jesus Christus Glaubenden an drei Stellen mit dem Begriff *aposynágōgos* («aus der Synagoge ausgeschlossen») charakterisiert (9,22; 12,42; 16,2). Damit wird nicht direkt auf die *Birkat ha-Minim* Bezug genommen, es gehört jedoch in einen Kontext, in dem sich die Trennung von Juden und Christen deutlicher abzeichnet.

Schließlich spielte die durch den römischen Staat eingeführte Steuer eine wichtige Rolle, welche die Juden anstelle der bis zur Zerstörung des Jerusalemer Tempels von ihnen entrichteten Tempelsteuer nunmehr zu zahlen hatten. Diese unter Kaiser Vespasian (reg. 69–79) neu eingerichtete und unter seinem Sohn und zweiten Nachfolger Domitian (reg. 81–96) besonders hart eingetriebene, als *Fiscus Judaicus* bezeichnete Steuer galt für alle, die aus Sicht des römischen Staates Juden waren. Sueton zufolge wurden zu ihrer Zahlung auch «diejenigen herangezogen, die entweder wie Juden lebten, ohne sich dazu zu bekennen, oder jene, welche die ihrem Volke auferlegten Zahlungen nicht geleistet hatten, da sie ihre Herkunft verheimlichten» (*Domitian* 12,2, Übers. Hans Martinet). Damit könnten Heidenchristen und Judenchristen gemeint sein. Unter Domitians Nachfolger Nerva (reg. 96–98) wurde eine Reform des *Fiscus Judaicus* durchgeführt. Dafür wurden sogar eigene Münzen geprägt, die die Aufschrift *Fisci Iudaici Calumnia Sublata* («Die Verleumdung im Zusammenhang der Judensteuer ist abgeschafft») trugen. Offenbar bezog sich dies auf die unter Domitian verbreitete Willkür bei der Denunziation, jemand sei Jude und müsse deshalb die Steuer zahlen. Der *Fiscus Judaicus* wurde nunmehr auf diejenigen beschränkt, «die daran festhielten, ihre althergebrachten Bräuche zu befolgen» (so der Historiker Cassius Dio, *Römische Geschichte* 65,7,2).

Die Konsequenzen dieser vom römischen Staat betriebenen Klärung betrafen vor allem die Christusgläubigen jüdischer Herkunft. Für sie stellte sich die Frage, ob sie sich weiterhin dem Judentum zurechnen wollten und folglich die Steuer zahlen mussten oder aber sich zum Christusglauben bekennen und vom Judentum lossagen wollten. Diese Entscheidung war für Judenchristen ein großes Problem, denn der Christusglaube bedeutete keineswegs automatisch eine Abkehr von jüdischen Lebensgewohnheiten. Für Heidenchristen bedeutete es dagegen, dass durch den im gesamten Römischen Reich geltenden *Fiscus Judaicus* die Verbindung zum Judentum deutlich erschwert wurde. Sie mussten nunmehr deutlich machen, dass sie *keine* Juden waren, was aus römischer Perspektive nur bedeuten konnte, dass sie die römischen Götter anerkannten und sich dem Kaiserkult nicht verweigerten, was ggf. durch ein entsprechendes Opfer in Anwesenheit der lokalen Behörden zu demonstrieren war. Mit diesen Problemen waren Christen in der Tat konfrontiert, worauf an späterer Stelle (Teil III.4) zurückzukommen sein wird. Die Einführung des *Fiscus Judaicus* und seine Reform unter Nerva haben somit zu einer deutlicheren Unterscheidung von Juden und Nichtjuden – und damit auch von Juden und Christen – geführt. Letzteres war mit Sicherheit nicht die primäre Intention der Steuer, sondern eher ein Nebeneffekt ihrer Einführung.

Die Beziehungen zwischen Juden und Christen in den ersten zwei bzw. drei Jahrhunderten sind gelegentlich als «Auseinandergehen der Wege» («Parting of the Ways») beschrieben worden. An diesem Ausdruck ist allerdings vielfach und zu Recht Kritik geübt worden. Zwar ist deutlich, dass sich Judentum und Christentum als voneinander zu unterscheidende Religionsgemeinschaften herausgebildet haben. Das Bild einer «Trennung» (oder auch mehrerer «Trennungen») der Wege vereinfacht jedoch in zu starker Weise die Entwicklungen, die schließlich zu zwei separaten Religionsgemeinschaften geführt haben. Es handelt sich dabei nämlich nicht einfach um Auseinanderentwicklungen, sondern um vielfältige Differenzierungsprozesse zwischen Gruppen mit unterschiedlichem sozialem Profil, verschiedenen Lebensformen und diversen Auffassungen über Gott, den Menschen und die Wege zur Erlösung. Diese Gruppen lassen sich häufig mit den Etiketten «jüdisch» und/oder «christlich» nicht sinnvoll erfassen, weil sie irgendwo «dazwischen» existierten. Gerade die Versuche, eindeutige Unterscheidungen von

«Christentum» und «Judentum» zu fixieren, die es sowohl auf jüdischer wie auf christlicher Seite gegeben hat, machen deutlich, dass diese Unterschiede alles andere als eindeutig waren.

Im Zusammenhang des Apostelkonzils (s. o., I.2) wurde bereits die Gruppe um den Herrenbruder Jakobus genannt, die die Position vertrat, mit der Übernahme des christlichen Glaubens, zu dem immer auch der Glaube an den Gott Israels gehört, sei notwendig die Verpflichtung auf die Tora verbunden. Diese «judenchristliche» Position bezogen christliche Gruppen auch später. Das bezeugen etwa die «judenchristlichen Evangelien», aus denen antike christliche Theologen mitunter Passagen anführen. So zitieren etwa Clemens von Alexandrien, Origenes und Hieronymus aus einem *Evangelium nach den Hebräern*. In diesem wird der Heilige Geist als «Mutter» bezeichnet, was der semitischen Sprachtradition entspricht. Jakobus, der Bruder Jesu, ist im Hebräerevangelium der erste Zeuge der Auferstehung Jesu. Des Weiteren gab es ein *Evangelium der Nazoräer*, das – anders als das griechische Hebräerevangelium – offenbar auf Aramäisch abgefasst war und die Bedeutung der Einhaltung von Gesetz und Propheten betont. Es steht dem Matthäusevangelium nahe und hat einen ethischen Schwerpunkt. Schließlich zitiert Epiphanius von Salamis (ca. 315–403) aus einem *Evangelium der Ebionäer*, das eine eigene Sicht auf Jesus als einen Menschen vertritt, der dadurch, dass der Geist Gottes in ihn eingeht, zum Sohn Gottes wird. Erkennbar ist weiter eine kritische Auseinandersetzung mit den jüdischen Opfern und dem Kult am Jerusalemer Tempel.

Die judenchristlichen Evangelien, die vermutlich im 2. Jahrhundert entstanden sind und denen sich einige weitere Schriften an die Seite stellen lassen, geben zu erkennen, dass es über einen längeren Zeitraum Gruppen von Jesusanhängern gegeben hat, die sich der Einhaltung der Tora und jüdischer Lebensweise verpflichtet wussten. Dazu gehörten offenbar die «Nazoräer» und die «Ebionäer». Wie auch immer sie untereinander und mit den soeben genannten Schriften zusammenhängen, es scheint sich jedenfalls um Gruppen gehandelt zu haben, die keinen Widerspruch zwischen der Bewahrung des jüdischen Gesetzes und dem Glauben an Jesus Christus sahen. Das wird aus einer Bemerkung bei Irenäus deutlich, der über die Ebionäer schreibt, sie würden die Beschneidung praktizieren, an den vom Gesetz vorgeschriebenen Bräuchen festhalten, einen jüdischen Lebensstil pflegen und Jerusalem als Wohnort Gottes verehren (*Gegen die Häresien* I 26,2). Bei Euseb findet sich folgende Beschreibung der Ebionäer:

> Diese hielten Christus für einen ganz gewöhnlichen Menschen, der nur kraft seines hervorragenden sittlichen Lebenswandels gerecht geworden, und glaubten, er wäre durch die Gemeinschaft eines Mannes mit Maria erzeugt worden. Die Beobachtung des Gesetzes erachteten sie für durchaus notwendig, gerade als ob sie nicht allein durch den Glauben an Christus und auf Grund eines glaubensgemäßen Lebens selig würden. (*Kirchengeschichte* III 27,2, Übers. Haeuser)

Ob diese Gruppen bzw. Schriften in direkter Kontinuität zu den Jerusalemern um Jakobus stehen, lässt sich nicht mit Sicherheit sagen. Deutlich ist jedoch, dass es im 2. und 3. Jahrhundert Gruppen gegeben hat, die sich nicht eindeutig dem Judentum oder dem Christentum zuordnen lassen.

Das wird auch aus Bemerkungen des Arztes Galen aus Pergamon erkennbar, der im 2. Jahrhundert in Rom lebte und wirkte. Er kommt mitunter auf die jüdischen Schriften zu sprechen, an denen ihn vor allem stört, dass sie Phänomene, die sich viel besser durch Naturbeobachtungen erklären ließen, auf das Wirken eines allmächtigen Gottes zurückführen würden. Dabei sieht er zwischen Juden und Christen keine klare Differenz. In seiner Schrift *De differentiis pulsuum* («Über die Unterschiede der Pulse») erwähnt er an einer Stelle «die Schule von Mose und Christus» (2,4) und kurz darauf «die Anhänger von Mose und Christus» (3,3). Auch wenn Galen sich darüber im Klaren ist, dass die Christen eine eigene Gruppe sind, kann er sie mit den Juden zusammenfassen und davon ausgehen, dass die Lehren des Mose (also die jüdischen heiligen Schriften) auch für sie gelten.

Die Differenzierungsprozesse von «Judentum» und «Christentum» haben sowohl auf jüdischer als auch auf christlicher Seite zu Bestrebungen geführt, mehr Eindeutigkeit nach innen und klarere Abgrenzungen nach außen herzustellen. Die Verurteilungen der *minim* («Ketzer») durch das rabbinische Judentum und die Polemiken antiker christlicher Theologen gegenüber denen, die von der maßgeblichen Lehre abweichen, lassen das deutlich erkennen. Sie zeigen zugleich, dass das je Spezifische «des Christentums» und analog «des Judentums» erst gefunden werden musste. Wer Christ (oder Jude) war und was das im Alltag konkret bedeutete, stand demnach nicht einfach fest, sondern war erst auszuhandeln. Dass dies nicht zum Verschwinden der Vielfalt des Christentums (und analog des Judentums) führte, sondern vielmehr ein orientierender Rahmen entstand, innerhalb dessen verschiedene Formen, den christlichen Glauben zu praktizieren, möglich waren, wird noch genauer zu zeigen sein (s. Teil IV).

3. Christlicher Glaube in der nichtchristlichen Gesellschaft

Sexualität, Götterglaube, Beruf

Im 1. Korintherbrief formuliert Paulus zwei nahezu gleichlautende Warnungen vor Verhaltensweisen, die für Christen inakzeptabel seien: «Flieht die Unzucht» (1 Kor 6,18) und «Flieht vor dem Götzendienst» (1 Kor 10,14). Diese Forderungen lassen erkennen, wie das Christentum eigene Lebensformen entwickelte, mit denen es sich von seinem heidnischen Umfeld unterschied. Für die Entstehung des Christentums als einer eigenständigen Gemeinschaft sind diese Prozesse von großer Bedeutung. Sie bilden die Grundlage dafür, dass Menschen mit ihrem Übertritt in die christliche Gemeinde ihre Lebensgewohnheiten und Alltagsabläufe veränderten und neue Sichtweisen, etwa zu Fragen von Sexualität, Kultus oder Kleidung, entstanden. Dabei handelt es sich naturgemäß um länger andauernde

Entwicklungen. Lebensgewohnheiten verändern sich nicht auf einen Schlag, zudem war es keineswegs ausgemacht, in welcher Weise das Bekenntnis zum christlichen Glauben überhaupt Konsequenzen für das Alltagsleben nach sich ziehen musste.

Die Betonung christlicher Theologen, bestimmte Lebensformen dürften nicht weiter praktiziert werden, belegt die Notwendigkeit einer Abgrenzung – eben weil sich das Alltagsleben derjenigen, die zum christlichen Glauben kamen, von demjenigen ihrer nichtchristlichen Umwelt in vielerlei Hinsicht kaum unterschied. Antike Theologen legten auch Wert darauf, dass die Christen ins Gemeinwesen integriert waren und zum Gemeinwohl in gleicher Weise beitrugen wie ihre nichtchristlichen Mitbürger. So weist etwa Tertullian den Vorwurf, die Christen würden zum Geschäftsleben nichts beitragen, empört zurück und führt als Begründung an, die Christen würden hinsichtlich ihrer Lebensweise, äußeren Erscheinung und anderer Lebensbedürfnisse sich nicht von anderen unterscheiden. Sie wohnten in derselben Welt, besuchten das Forum und den Fleischmarkt sowie Bäder, Tavernen und Geschäfte und nähmen an den Abläufen dieser Welt in völlig normaler Weise teil (*Apologie* 42,1–3).

Daraus entstand das Erfordernis, die Spezifika des christlichen Lebens herauszustellen und einzuschärfen. Die Schriften der antiken Theologen bilden die Realität christlicher Alltagsgestaltung deshalb nicht einfach ab, sondern geben zu erkennen, dass ein christliches Alltagsethos erst zu entwickeln war. Dabei spielt die Berufung auf die Bibel eine wichtige Rolle, die häufig herangezogen wird, um bestimmte ethische Positionen zu begründen.

Die Warnung des Paulus vor Unzucht bezieht sich auf das Sexualethos. Für Griechen und Römer galten diesbezüglich deutlich großzügigere Regeln, als sie für das entstehende Christentum akzeptabel waren. So war etwa die Haltung zur Prostitution durch Freizügigkeit gekennzeichnet und unterlag keinem strengen moralischen Verdikt. Das galt jedenfalls für die freien Männer, von den Frauen wurde eheliche Treue erwartet. Die freie Haltung zur Sexualität wird etwa in einer Rede des Pseudo-Demosthenes (4. Jh. v. Chr.) deutlich, die die Anklage gegen die Prostituierte Neaira überliefert. Dort heißt es: «Die Hetären haben wir zur Freude, die Konkubinen zur täglichen Pflege des Leibes, die Ehefrauen, um rechtmäßige Kinder zu zeugen und eine zuverlässige Wächterin über die Angelegenheiten des Hauses zu haben.» Zwar gab es auch philosophische Stimmen, die sexuellen Verkehr, der nur der Lust diene, insbesondere sexuellen Verkehr unter Männern, als unsittlich und widernatürlich verurteilten (so etwa der stoische Philosoph Gaius Musonius Rufus, der im 1. Jahrhundert n. Chr. lebte), aber das waren vereinzelte Positionen philosophisch reflektierter Ethik, die indirekt die gängige Praxis bezeugen.

Es verwundert daher nicht, dass in der Hafenstadt Korinth, die für ein blühendes Geschäft mit der Prostitution bekannt war, auch die christliche Gemeinde mit dieser Frage konfrontiert wurde. Der 1. Korintherbrief lässt erkennen, dass der Verkehr mit Prostituierten von Männern der korinthischen Gemeinde in keiner Weise als anstößig betrachtet wurde. Paulus hält dem entgegen, dass der christliche Glaube eine auch leibliche Verbindung mit Christus schaffe, die mit der Vereinigung mit einer Prostituierten unvereinbar sei (1 Kor 6,15). Dazu zitiert er aus der Bibel, in der es heißt, dass Mann und Frau «ein Fleisch» sein werden (1. Mose 2,24). Er argumentiert zudem aus einer jüdischen Perspektive, welche die Prostitution als Ausdruck heidnischen Lebenswandels betrachtete und auf eine Stufe mit Götzendienst stellte. Daran wird deutlich, dass die antike (wie jede andere) Sexualethik kulturell und religiös geprägt war. Für die frühen Christen war das insofern eine Herausforderung, als sie sich einerseits dem jüdischen Glauben verpflichtet wussten, sich aber auch in der nichtjüdischen Welt etablieren wollten.

Das Sexualethos des antiken Christentums steht in dieser Spannung. Antike Theologen weisen darum deutlich auf die Grenzen des Erlaubten im sexuellen Umgang hin. Grundsätzlich gilt sexueller Verkehr außerhalb der Ehe von Mann und Frau als illegitim, was die Ablehnung der Prostitution ebenso einschließt wie homosexuelle Praktiken und Beziehungen zu minderjährigen Knaben. Anders war es in der griechischen und römischen Welt, wo gleichgeschlechtliche Sexualität zwischen älteren und jüngeren Männern verbreitet war. Gesellschaftlich nicht akzeptiert waren dagegen sexuelle oder gar eheähnliche Beziehungen zwischen erwachsenen Männern, unter Strafe standen sexuelle Beziehungen zu freien Knaben.

Ebenso wie die Prostitution wurden auch Homosexualität und Päderastie bereits von Paulus verurteilt (vgl. Röm 1,26f.; 1 Kor 6,9). Das etablierte sich im antiken Christentum als allgemein anerkannte Sicht. Auch hier weicht die christliche Sexualethik von einer gesellschaftlich breit akzeptierten Praxis ab. Christliche Theologen weisen immer wieder auf den Wert der Ehe zwischen Mann und Frau hin, die als einziger legitimer Bereich der Sexualität angesehen wird. Dagegen werden alle anderen Formen von Sexualität und öffentlicher Zurschaustellung nackter Körper als heidnisch und mit dem christlichen Glauben nicht vereinbar verurteilt. Das bedeutete die Etablierung einer kulturellen Norm, die weit ins gesellschaftliche Leben hineinreichte und einen eigenen Maßstab setzte.

So waren etwa nackte Körper schon durch die zahlreichen Statuen von Göttern und Göttinnen im öffentlichen Leben präsent, auch Bäder und Feste boten vielfältige Anlässe für körperliche und sexuelle Freizügigkeit. Christliche Theologen nehmen deshalb die Teilnahme an derartigen Veranstaltungen scharf ins Visier. Tertullian etwa verurteilt die römischen Feste, die zu Ehren des Kaisers abgehalten wurden, als Anlässe, bei denen sich die Verdorbenheit und Schamlosigkeit der heidnischen Religion in aller Deutlichkeit zeigt. In ironischer Weise fragt er, ob christliche Enthaltsamkeit, Nüchternheit und Anständigkeit dem Ehrentag des Kaisers nicht wesentlich angemessener seien, als die ganze Stadt in einen Ort der Unsittlichkeit und Ausschweifung zu verwandeln (*Apologie* 35,2). Tertullian hat den heidnischen Schauspielen sogar eine eigene Schrift gewidmet *(Über die Schauspiele)*. Darin legt er dar, dass der Besuch derartiger Spiele – insbesondere nennt er Wagenrennen, Theateraufführungen, Spiele, die zu Ehren von heidnischen Göttern oder Toten veranstaltet werden, sowie die aus dem Totenkult *(munus)* hervorgegangenen Gladiatorenkämpfe – für Christen unmöglich sei. Der Hauptgrund dafür ist, dass die Spiele dem Götzendienst *(idolo-*

latria) entstammen und deshalb in vielfältiger Weise damit in Berührung bringen. Der Christ aber hat sich in der Taufe vom Satan und damit auch von allen Formen des Götzendienstes losgesagt. Darüber hinaus sind die Spiele Ausdruck heidnischen Lasterlebens. Sie stacheln schlechte Leidenschaften an und befördern die unmäßige Sucht nach Vergnügen. Der Christ dagegen hält sich von weltlichen Freuden und Lüsten fern und weiß, dass seine wahre Heimat nicht in der Welt, sondern beim Herrn ist.

Ähnliche Töne wie Tertullian schlagen auch andere christliche Autoren an. Cyprian von Karthago preist in seiner Schrift «Über die Erscheinung der Jungfrauen» *(De habitu virginum)* das tugendhafte Leben der Christen und geht eigens auf die «Jungfrauen» ein, die zu dieser Zeit (um die Mitte des 3. Jahrhunderts), ebenso wie die Witwen, einen eigenen Stand in christlichen Gemeinden bildeten. Das wird auch bereits durch Tertullian bezeugt, der ihnen ebenfalls eine eigene Schrift gewidmet hatte («Über die Verschleierung der Jungfrauen», *De virginibus velandis*). Beide Autoren ermahnen die Jungfrauen zu einem keuschen Leben, wozu gehört, dass sie einen Schleier tragen (damit beschäftigt sich Tertullian ausführlich), sich nicht im Bad den Blicken der Männer darbieten und sich nicht mit der Schönheit ihrer äußeren Erscheinung beschäftigen. Letztgenannte Mahnung wird von Cyprian und auch von Tertullian in seinem Traktat «Über den Schmuck der Frauen» *(De cultu feminarum)* generell an alle Frauen gerichtet. Die genannten Schriften zeigen, dass die Jungfrauen offenbar zum Teil begüterten Häusern entstammten, so dass die Aufforderung, den eigenen Wohlstand nicht für das Herausputzen des Körpers zu verwenden, nahelag. Des Weiteren zeigen die Texte, welche Schmink- und Schmuckpraktiken von den Frauen angewandt wurden. So weist Cyprian ausdrücklich darauf hin, dass der Körper nicht durch gelbe Farbe, schwarzes Pulver oder rote Schminke verändert werden solle und begründet das mit der Erschaffung des Menschen nach dem Bilde Gottes (*Über die Erscheinung der Jungfrauen* 15, mit Zitat von Gen 1,26). Ebenso würde das Rotfärben der Haare dem biblischen Zeugnis widersprechen, dass der Mensch nicht ein einziges Haar weiß oder schwarz machen könne (*Über die Erscheinung der Jungfrauen* 16, mit Zitat von Mt 5,36).

Die genannten Stellen zeigen, wie das Christentum in kritischer Auseinandersetzung mit den Lebensgewohnheiten der heidnischen Gesellschaft ein eigenes Ethos entwickelte. Leitend war dabei zunächst – so etwa bei Paulus – das jüdische Ethos. Im weiteren Verlauf der Entwicklung traten andere Aspekte hinzu, etwa die Hochschätzung der Askese und die Abgrenzung gegenüber einem als ausschweifend und genusssüchtig beurteilten Leben der Heiden. Auf diese Weise entstand eine Vorstellung vom christlichen Leben, das sich der gesellschaftlichen Verantwortung nicht verweigert, zugleich jedoch eigene, auf den biblischen Schriften und der frühchristlichen Tradition fußende ethische Maßstäbe zugrunde legt.

Leben im Haus: Ehe und Familie, Sklaven, Stellung der Frau

Zur antiken Hausgemeinschaft gehörten neben den Familienmitgliedern im engeren Sinn auch Sklaven und Sklavinnen, die vielfältige Aufgaben übernahmen. Die Beziehungen innerhalb des Hauses waren klar geregelt. Dem Haus stand der Familienvater, in römischer Tradition als *pater familias* bezeichnet, vor. Ihm waren die übrigen Mitglieder des Hauswesens – die Ehefrau, die Kinder, die Sklaven – in je eigener Weise zu- bzw. untergeordnet. Diese Ordnung galt in spezifischen Ausprägungen sowohl im jüdischen als auch im griechisch-römischen Bereich.

Das entstehende Christentum hat diese Strukturen übernommen, zugleich aber hinterfragt und in eigener Weise interpretiert. Der Christusglaube musste auch im Alltagsleben sichtbar werden. Wirken und Lehre Jesu hatten dazu erste Impulse geliefert. Mit dem Wirken Jesu verbindet sich die Gründung einer Nachfolgegemeinschaft, die über die bisherigen familiären und beruflichen Bindungen gestellt wurde: Die in die Nachfolge berufenen Jünger verlassen auf seine Aufforderung hin ihre Berufe und ihre Familien und schließen sich Jesus an (vgl. Mk 1,16–

20). Der programmatische Ruf in die Nachfolge stammt aus der Praxis Jesu und seiner Jünger, die als Verkünder des anbrechenden Gottesreiches in den Dörfern Galiläas umherzogen. Für die christlichen Gemeinden konnte zwar das Verlassen von Familie und Beruf keine von der Mehrheit zu praktizierende Lebensform sein. Der Ruf Jesu machte gleichwohl deutlich, dass die Zugehörigkeit zur christlichen Gemeinschaft über andere soziale und religiöse Beziehungen gestellt werden sollte. In der Jesusüberlieferung verdichtet sich das in dem radikalen Satz, dass man als Jünger Jesu seine Familie «hassen» soll (Lk 14,26). Matthäus formuliert es in der abgemilderten Form, man dürfe die Familie nicht «mehr lieben» als Jesus (Mt 10,37).

Auswirkungen dieses Ethos sind etwa Diskussionen darüber, ob Ehen weiterbestehen können, wenn einer der Ehepartner sich dem christlichen Glauben zuwendet, der andere dagegen nicht. Diese Frage wird bereits von Paulus im 1. Korintherbrief diskutiert, der dabei eine entsprechende Anfrage beantwortet, die ihm die korinthische Gemeinde gestellt hatte. In seiner Antwort stellt Paulus zunächst heraus, dass grundsätzlich die Ehelosigkeit der Ehe vorzuziehen sei, weil sich der oder die Unverheiratete darum kümmere, wie er oder sie dem Herrn gefallen könne, während sich der oder die Verheiratete damit beschäftige, wie er seiner Frau bzw. sie ihrem Mann gefalle (1 Kor 7,32–34). Ehelos zu bleiben (wie er selbst), betrachtet Paulus dabei allerdings als besonderes Charisma, das nicht jedem gegeben ist (1 Kor 7,7). Ehelosigkeit solle deshalb nicht nachträglich herbeigeführt werden, auch dann nicht, wenn ein Ehepartner sich nicht zum christlichen Glauben bekehrt (darauf bezog sich offenbar die Frage der Korinther).

Die Hochschätzung der Ehelosigkeit durch Paulus steht am Beginn einer Tendenz zum asketischen Leben, die sich im frühen Christentum verschiedentlich beobachten lässt und zu Kontroversen geführt hat. In den oben genannten Theklaakten wird der Entschluss der Thekla geschildert, aufgrund der Predigt des Paulus ein asketisches Leben zu führen. Dadurch gerät sie in Konflikt mit ihrer Mutter, ihrem Verlobten und einem weiteren sie begehrenden Mann, erleidet zwei Martyrien und soll hingerichtet werden, wird aber gerettet und bleibt ihrer Überzeugung treu. Auch in anderen Apostelakten entzünden sich Konflikte oftmals daran, dass sich Frauen zum christlichen Glauben bekehren und beschließen, fortan enthaltsam zu leben. Daraufhin gehen ihre Männer gegen die Apostel vor, was zu deren Martyrium führt. Das Ethos der sexuellen Askese in Distanz zur heidnischen Gesellschaft konnte demnach zu heftigen Konflikten führen. Offen bleibt, ob dies ein vornehmlich an die Apostel und ihre Nachfolgerinnen geknüpftes Ideal ist oder ein Gebot für alle Christen und Christinnen. Möglicherweise gibt es dazu in den einzelnen Apostelakten unterschiedliche Sichtweisen.

Auch in der Johannesoffenbarung sind jene, die «sich nicht mit Frauen befleckt haben» und als «Jungfrauen» bezeichnet werden (womit generell sexuelle Enthaltsamkeit gemeint ist), diejenigen, die gerettet werden (14,4). Die Hochschätzung der Enthaltsamkeit im frühen Christentum war für nicht wenige offenbar eine konsequente Form der Nachfolge Jesu bzw. der Praxis des christlichen Glaubens. Dazu hat auch eine radikale Interpretation des Jesus zugeschriebenen Wortes über diejenigen, die sich «um des Himmelreiches willen» selbst zu Eunuchen gemacht haben, beigetragen (Mt 19,12). Damit sind ursprünglich wahrscheinlich diejenigen gemeint, die um der Gemeinschaft mit Jesus willen ihre Familien verlassen haben. Es wurde aber auch als Aufforderung zur Selbstkastration verstanden.

Eine im 2. Jahrhundert einsetzende Form asketischen christlichen Lebens wird durch eine größere Anzahl christlicher Gruppen repräsentiert, die man unter dem Namen *Enkratiten* zusammenfasst, abgeleitet vom griechischen Wort *enkráteia*, «Enthaltsamkeit». Diese Gruppen propagierten, sich von allen weltlichen Sinnesfreuden fernzuhalten, um sich vollständig einem heiligen, gottgeweihten Leben zu widmen. Als Gründer dieser Richtung nennt Irenäus Tatian, einen Schüler Justins, der «diese Häresie eingeführt» habe (*Gegen die Häresien* I 28,1; vgl. Euseb, *Kirchengeschichte* IV 29,26). Zu ihrem Lebensstil gehörte, auf Familie und Sexualität zu verzichten und Nahrung und Kleidung auf das Notwendigste zu beschränken. Bei der Eucharistie wurde Wasser statt Wein verwendet. Diese radikale

Lebenshaltung wird etwa durch die oben bereits besprochenen Thomasakten repräsentiert. Im 3. Jahrhundert ging die enkratitische Bewegung in die monastischen Formen über.

Die Gegenposition zu dieser Haltung bezieht der 1. Timotheusbrief, der im Namen und in der Tradition des Paulus, aber nicht von ihm selbst verfasst wurde. Das Verbot zu heiraten wird, gemeinsam mit einer asketischen Tendenz gegenüber Speisen, auf Leute zurückgeführt, die vom Glauben abgefallen seien und auf irreführende Geister und Lehren von Dämonen achten würden (1 Tim 4,1–3). Diese Sicht kann sich insofern auf Paulus berufen, als er sich gegen das Verbot bestimmter Speisen ausgesprochen und alle Speisen für rein erklärt hatte (1 Kor 8; Röm 14,14). Eine eindeutig positive Aussage des Paulus zur Ehe findet sich dagegen nicht. Der 1. Timotheusbrief stellt aber im Namen des Paulus eine radikale Ehe-Abstinenz als nicht mit dem Glauben an Gottes gute Schöpfung vereinbar dar.

Die positive Einstellung zur Ehe hat sich im Christentum weithin durchgesetzt, wogegen die Enthaltsamkeit einzelnen Gläubigen oder Gruppen vorbehalten blieb, die damit dem christlichen Glauben besonders gut zu entsprechen meinten. Die meisten Christen aber betrachteten die Ehe als die dem Menschen angemessene Lebensform, was der gängigen jüdischen und römischen Sicht entsprach. Ein christliches Spezifikum war die Auffassung, dass die Ehe nicht aufgelöst werden dürfe. Dazu wurde auf die Erschaffung des Menschen als Mann und Frau (1. Mose 1,27) verwiesen und auf die geschlechtliche Vereinigung zu «einem Fleisch», aus der die Unauflöslichkeit der Ehe folge (vgl. Mk 10,2–9). Auch Paulus verweist auf die Anweisung Jesu, dass sich Frau und Mann nicht trennen sollen (1 Kor 7,10f.). Gegenüber der jüdischen und der paganen Praxis war das ungewöhnlich. In der Tora ist die Ehescheidung ausdrücklich geregelt (5. Mose 24,1–4): Der Mann soll der Frau einen Scheidebrief ausstellen, wenn er sich von ihr trennt. Dass Frauen sich ihrerseits scheiden lassen können, war nicht vorgesehen. Im römischen Recht konnte die Scheidung dagegen auch von der Frau ausgehen. Scheidungen waren im römischen Bereich nichts Ungewöhnliches, was die Anweisung des Paulus an

Frauen und Männer erklärt, sich nicht zu trennen, im Fall einer Trennung jedoch künftig allein zu bleiben (1 Kor 7,10f.).

Auch die Anweisung des Paulus, Unverheiratete und Verwitwete sollten ehelos bleiben (1 Kor 7,8), hat sich nicht durchgesetzt. Die um die Mitte des 2. Jahrhunderts entstandene Schrift «Hirt des Hermas» schließt sich zwar der Position des Paulus an, dass jemand, der allein bleibt, sich besondere Ehre beim Herrn erwirbt, sagt aber ausdrücklich, dass eine zweite Heirat nach dem Tod des Ehepartners oder der -partnerin keine Sünde sei (Gebote 4,4,1–4).

Im Neuen Testament finden sich in zwei Briefen – dem Kolosser- und dem Epheserbrief – Texte, die die Ordnungen im christlichen Haus regeln. Diese sogenannten «Haustafeln» (der Ausdruck wurde von Martin Luther im zweiten Anhang zu seinem «Kleinen Katechismus» für eine Zusammenstellung neutestamentlicher Ermahnungen der Christen verwendet und steht in Lutherbibeln als Überschrift über den entsprechenden Texten aus dem Kolosser- und dem Epheserbrief) beziehen sich auf die Verhältnisse zwischen Männern und Frauen, Eltern und Kindern sowie Herren und Sklaven. Sie stehen in der Tradition philosophisch-ethischer Abhandlungen aus dem griechisch-römischen Bereich, die sich mit der Ordnung des Hauses *(oikonomía)* befassten und auch im Judentum aufgenommen worden waren. Die Anwendung auf das christliche Haus zeigt, dass das griechisch-römische Ordnungsgefüge übernommen wird: Frauen sollen sich den Männern, Kinder den Eltern, Sklaven den Herren unterordnen. In Entsprechung dazu sollten Männer ihre Frauen lieben, Väter ihre Kinder nicht verletzen, Herren ihre Sklaven anständig behandeln. Die «Haustafeln» setzen demnach die Ehe von Mann und Frau sowie die Ordnung des Hauses mit dem *pater familias* als Oberhaupt als Grundstruktur auch für das christliche Leben voraus. Ein Spezifikum besteht dabei in den christlichen Begründungen der Mahnungen: Die Herren werden darauf hingewiesen, dass auch sie selbst einen Herrn haben (Kol 4,1). Im Epheserbrief werden die Mahnungen zur Unterordnung und zur Liebe mit dem Verweis auf Christus begründet (Eph 5,22–6,9).

Zur Gestaltung von «Mischehen» hatte Paulus den Hinweis gegeben, der ungläubige Partner sei durch den gläubigen «geheiligt», also stellvertretend gerettet, eine Trennung hingegen solle nur erfolgen, wenn es der ungläubige Partner wolle (1 Kor 7,12–16). Das Thema wird im 1. Petrusbrief aus der Perspektive der Frauen wieder aufgenommen: Die Frauen sollen auch den ungläubigen Ehemännern gehorsam sein, denn diese könnten für die Christusbotschaft gewonnen werden (3,1). Allerdings konnte sich die Ehe mit einem nicht christusgläubigen Partner auch schwierig gestalten. Justin schildert den Fall einer Frau, die christlich geworden war und ihr ausschweifendes Leben aufgegeben hatte. Ihr Mann ließ sich dagegen nicht von der christlichen Botschaft überzeugen, sondern setzte sein zügelloses Leben fort. Als sie sich daraufhin von ihm trennte, zeigte er sie an, weil sie Christin sei (2. *Apologie* 2,1–7). Der Text fährt mit der Schilderung der Anklage weiterer Personen fort, die wegen ihres Christseins verurteilt wurden. Er gibt damit einerseits Einblick in die Probleme einer gemischten Ehe, andererseits in die unsichere rechtliche Situation, der Christen ab dem 2. Jahrhundert ausgesetzt waren (vgl. dazu unten, III.5).

Die Stellung von Sklavinnen und Sklaven erfuhr im Christentum ebenfalls eine eigene Bewertung. Einen wichtigen Impuls hierfür gab der oben zitierte Satz, dass in Christus die Unterschiede zwischen Sklaven und Freien aufgehoben sind (Gal 3,28). Sklaverei war allerdings ein fester Bestandteil der antiken Gesellschaftsordnung. Die programmatische Aussage über die Gleichheit von Freien und Sklaven führte deshalb nicht dazu, Sklaverei grundsätzlich infrage zu stellen. Sklaven hatten einen klar zugewiesenen Status im sozialen und rechtlichen Gefüge. Sie gehörten ihren Besitzern und waren deshalb, im Unterschied zu den anderen Mitgliedern des Hauswesens, dem sie angehörten, unfrei und ohne Rechte. Sie konnten nach Belieben bei der Arbeit oder auch sexuell ausgebeutet und willkürlich bestraft oder sogar getötet werden. Sklaven waren in praktisch allen Bereichen der Arbeitswelt – etwa in der Landwirtschaft, dem Bergbau oder dem Handwerk – tätig, waren aber auch in der Stadtverwaltung, als Ärzte, Erzieher oder in künstlerischen Berufen zu finden. Einzig der Militärdienst war ihnen versagt. Der Sklavenstand war dementsprechend vielfältig, sowohl was die Tätigkeiten als auch was das Ansehen und die soziale Stellung betraf. In den Stand der Sklaverei konnte man durch Kriegsgefangenschaft oder andere Formen gewaltsamer Unterwerfung, als Strafe für Verbrechen oder durch Geburt geraten. Die Freilassung konnte der Besitzer testamentarisch oder durch einen Freibrief verfügen.

Die rechtlich und sozial fest umrissene Rolle der Sklaven legte es nicht nahe, die Sklaverei grundsätzlich infrage zu stellen. Es gab, etwa von philosophischer Seite, durchaus Stimmen, die für einen menschenwürdigen Umgang mit Sklaven eintraten. So mahnte etwa der Stoiker Seneca (ca. 1–65), im Sklaven zuerst einen Menschen zu sehen, dessen Geschick auf zufälligen Umständen beruhe und jeden ereilen könne, weshalb es nur angemessen sei, ihn entsprechend zu behandeln. Die Philosophen interpretierten das Sklavengeschick auch auf metaphorische Weise als Ausdruck nicht des Standes, dem man angehöre, sondern der inneren Haltung. Ob man Sklave oder frei sei, entscheide sich demnach nicht an den äußeren Umständen, sondern daran, ob man innerlich frei von den äußeren Umständen sei. Unabhängig von diesen philosophisch-ethischen Reflexionen gab es auch die Möglichkeit des sozialen Aufstiegs für Sklaven, die nach ihrer Freilassung oder ihrem Freikauf eine höhere Stellung in der römischen Gesellschaft einnehmen konnten.

Angesichts dieser Situation verwundert es nicht, dass das entstehende Christentum die Sklaverei als gegebene gesellschaftliche Institution betrachtete. Die Frage war nicht, ob es Sklaverei überhaupt geben sollte, sondern wie sie in der christlichen Gemeinschaft zu gestalten sei. Der oben genannte Satz aus dem Galaterbrief gibt dabei bereits eine Orientierung: Unter Christen sollen die Unterschiede des gesellschaftlichen Standes ebenso wenig eine Bedeutung haben wie die religiöse Herkunft oder die soziale und geschlechtliche Rolle. Ein interessantes Beispiel dafür bietet der Brief des Paulus an Philemon. Philemon, der einem christlich gewordenen Hauswesen vorstand, war sein Sklave

Onesimus entlaufen und hatte bei Paulus Zuflucht gesucht. Paulus schickte ihn zu Philemon zurück und forderte diesen in dem Begleitbrief auf, Onesimus, der von Paulus zum christlichen Glauben bekehrt wurde, «nicht mehr als Sklaven, sondern als einen, der mehr ist als ein Sklave, nämlich als geliebten Bruder» (Phlm 16), zu betrachten – und zwar sowohl «im Fleisch», also in den alltäglichen Beziehungen, als auch «im Herrn», also im Blick auf das gemeinsame Christsein. Paulus verlangt also, das Verhältnis zwischen einem Herrn und seinem Sklaven aufgrund des gemeinsamen Glaubens an Christus als Gemeinschaft von Gleichgestellten zu gestalten. Der rechtliche Status von Onesimus ändert sich dadurch zwar nicht – Paulus verlangt von Philemon nicht, ihn freizulassen –, aber der Umgang mit ihm soll sich fortan am christlichen Ethos der Nächstenliebe orientieren.

Dem entspricht, dass Paulus auch im 1. Korintherbrief dazu aufruft, jeder und jede solle in dem Stand, in dem er oder sie zum Glauben berufen wurde, dem Herrn dienen (1 Kor 7,17–24). Die Sklaven sollen dies als Sklaven tun; wenn sie allerdings die Möglichkeit haben freizukommen, sollen sie den neuen Stand um so mehr für ein christliches Leben nutzen (V. 21). Der Stand als Freier oder Sklave wird durch die Zugehörigkeit zum Herrn bedeutungslos: Der als Sklave Berufene ist ein durch den Herrn Befreiter, der als Freier Berufene ist ein «Sklave Christi» (V. 22). Freiheit und Sklaverei werden demnach durch das Verhältnis zu Christus in neuer Weise bestimmt: Die christliche Existenz vermittelt eine vom gesellschaftlichen Status unabhängige Freiheit und bedeutet zugleich eine neue Bindung an die Regeln christlichen Lebens. Das ähnelt der philosophischen Sicht, die Freiheit von der inneren Haltung abhängig macht, denn in beiden Fällen werden Freiheit und Sklaverei von dem vorfindlichen Sozialstatus abgelöst und auf eine ethische bzw. religiöse Ebene verschoben.

Spätere christliche Texte setzen diese Linie fort. Die sogenannten «Haustafeln» des Kolosser- und des Epheserbriefs fordern die Sklaven dazu auf, ihren Herren gehorsam zu sein, und in Entsprechung dazu die Herren, ihre Sklaven anständig zu behandeln, weil dies der Bindung an Christus entspreche. Eine analoge Mahnung, die allerdings mit der Aufforderung an den Sklavenbesitzer beginnt und dieser auch mehr Raum widmet, ist in der Didache anzutreffen (4,10f.). Der 1. Petrusbrief ermahnt die Sklaven dazu, auch den ungerechten Herren gehorsam zu sein – vermutlich ein Hinweis auf christliche Sklaven, die einem nichtchristlichen Herren gehören und auf das Vorbild Christi verwiesen werden, der sein Leiden geduldig ertragen hat. Der wohl im ersten Drittel des 2. Jahrhunderts entstandene 1. Timotheusbrief wird noch deutlicher und fordert ausdrücklich christliche Sklaven zum Gehorsam gegenüber nichtchristlichen wie christlichen Herren auf (6,1f.). Eine korrespondierende Mahnung an die Herren fehlt dagegen, ebenso wie im Titusbrief (2,9f.). Hier wird also zum einen selbstverständlich vorausgesetzt, dass es Sklaven in der christlichen Gemeinde gibt, die auch zu einem nichtchristlichen Hausstand gehören können, zum anderen wird, wie bei Paulus und in den Haustafeln, davon ausgegangen, dass Christen selbst Sklaven haben.

Das philosophische Argument der Gleichheit aller Menschen wird von Clemens von Alexandria aufgegriffen und auf die Stellung vor Gott bezogen. In seinem in drei Bücher gegliederten Werk «Der Erzieher» *(Paidagogos)* legt er dar, dass Schmuck und Reichtum nur äußerliche Dinge sind. Nimmt man sie den Reichen weg, unterscheiden sie sich nicht mehr von den Sklaven (III 34,3). Clemens kritisiert zudem, dass sich Frauen übermäßig schmückten, um so ihren Stand zu betonen und sich von Sklavinnen zu unterscheiden (III 58,3). Weiter betont er, dass ein übermäßiger Besitz von Sklaven unangemessen sei und nur darauf beruhe, dass man sich nicht selbst um seine Versorgung bemühen wolle (III 26,1–3). Schließlich fordert er zu einem großzügigen, menschenfreundlichen Umgang mit Sklaven auf und bezieht sich dabei ausdrücklich auf den 1. Petrusbrief (III 74,1–2). Clemens richtet sich an Wohlhabende, die Sklaven besaßen, nicht an Sklaven selbst. Er argumentiert auf einer ethischen Ebene, die den Unterschied zwischen Herren und Sklaven als eine gesellschaftliche Gegebenheit voraussetzt und ihn philosophisch und anthropologisch reflektiert.

Die genannten Texte zeigen, dass Sklaverei von Beginn an ein wichtiges ethisches Thema im frühen Christentum war. Dabei trat vor allem die Frage des Umgangs mit Sklaven bzw. deren Verhalten gegenüber christlichen wie nichtchristlichen Herren ins Zentrum. Die christlichen Autoren betonen jedoch nach innen wie nach außen häufig, dass sich die Verhältnisse zwischen Sklaven und Herren in der christlichen Gemeinde an der Gottes- und Christusbeziehung ausrichten müssten und deshalb vom Ethos der geschwisterlichen Liebe her zu gestalten seien. In dieser Hinsicht hat also der bereits bei Paulus zu findende, auf Gleichstellung eines bekehrten Sklaven zielende Impuls durchaus prägend gewirkt. Inwieweit er tatsächlich befolgt wurde, steht allerdings dahin. Die Ambivalenz der christlichen Haltung zur Sklaverei wird in zwei Äußerungen von Laktanz (ca. 250–325) greifbar. Auf der einen Seite betonte dieser, dass es vor Gott keine Sklaven und keinen Herren gebe, sondern alle gleichermaßen Gottes Kinder seien (*Göttliche Unterweisungen* V 15). Auf der anderen Seite fordert er, schlechte Sklaven von ihren Herren hart bestrafen zu lassen (*Über den Zorn Gottes* 17). Das antike Christentum hat die Sklaverei als Institution demnach nicht infrage gestellt, jedoch den Anspruch erhoben, sie in christlichem Geist zu gestalten.

Hausgemeinden und Kirchenbauten

Die Verwendung der antiken Hausordnung ist insofern nicht verwunderlich, als sich die christlichen Gemeinden zunächst als Hausgemeinden organisierten, sich also in Privathäusern zum Gottesdienst und zum gemeinsamen Mahl zusammenfanden. Wenn es die Größe der Häuser zuließ, konnten sich darin auch größere Gemeinschaften versammeln. Eigene Bauten für ihre Versammlungen konnten die Christen in der Frühzeit dagegen noch nicht errichten.

Hausgemeinden werden im Neuen Testament mitunter erwähnt. Im aus Ephesus geschriebenen 1. Korintherbrief grüßt Paulus von Aquila und Prisca und «der Gemeinde in ihrem Haus» (1 Kor 16,19). Dieselbe Wendung ist im Römerbrief wieder anzutreffen, den Paulus von Korinth aus schreibt. Er lässt die Hausgemeinde der inzwischen nach Rom zurückgekehrten Aquila und Prisca grüßen (Röm 16,3) und richtet Grüße von einem Gaius aus, der als «mein Gastgeber und derjenige der ganzen Gemeinde» vorgestellt wird (Röm 16,23). Im Kolosserbrief werden eine Nympha «und die Gemeinde in ihrem Haus» gegrüßt (4,15). Die Versammlung der christlichen Gemeinde Jerusalems in Häusern wird in der Apostelgeschichte erwähnt (2,46; 5,42). Die frühchristlichen Gottesdienste wurden also in normalen Wohnhäusern gefeiert. Ob bzw. in welcher Weise die Räume dafür hergerichtet wurden, ob dies dauerhaft oder nur für die Zeit der Gottesdienste geschah, lässt sich aufgrund fehlender Quellen für die Frühzeit nicht mehr feststellen. Die neutestamentlichen Belege beziehen sich jedenfalls auf in Häusern einzelner Gemeindeglieder versammelte *Gemeinden*, nicht auf «Hauskirchen» im Sinn spezieller Räume oder gar Gebäude. Offenbar verfügten Gemeindeglieder wie die im Neuen Testament namentlich erwähnten über Häuser mit Räumen, in denen sich die Gemeinde versammeln konnte, und stellten diese zur Verfügung. Ob es dabei an einem Ort mehrere solcher Hausgemeinden gab, ist nicht immer deutlich. In Korinth scheint es nur *eine* Gemeinde gegeben zu haben, die sich im Haus des Gaius versammelte und auf deren Einheit Paulus im 1. Korintherbrief dringt. In Rom könnte die Situation dagegen anders gewesen sein. Paulus verwendet im Römerbrief nicht den Ausdruck «Gemeinde» *(ekklēsía)* für die Adressaten, zudem weist die ausführliche Grußliste in Röm 16,3–15 darauf hin, dass die römischen Christen zunächst nicht als *eine* Gemeinde organisiert waren, sondern aus mehreren Hausgemeinden bestanden.

Häuser werden auch anderweitig im Neuen Testament, in den apokryphen Apostelakten und anderen frühchristlichen Texten als Lehr- und Versammlungsorte genannt: Paulus predigt in Ephesus in der Lehrhalle *(scholê)* eines Tyrannos (Apg 19,9) und in Ikonion im Haus des Onesiphoros (ActPt 6–7), in den Gerichtsakten Justins ist von einem Versammlungsort über dem Bad eines Myrtinos die Rede (3), Petrus predigt in Rom im Haus des Senators Marcellus (ActPt 8) etc. Diese Gebäude sind offensichtlich nicht für christliche Versammlungen errichtet worden, sondern wurden zusätzlich für diese genutzt. Der Übergang zu eigenen Kirchengebäuden dürfte im späteren 2. bzw. 3. Jahrhundert liegen. Darauf könnten bereits einige Bemerkungen bei Tertullian hinweisen, in denen offenbar die Existenz derartiger Gebäude vorausgesetzt ist.

Mitunter wurde vermutet, dass einige frühe Kirchen aus der Umwandlung von Hauskirchen hervorgegangen sein könnten. Für Rom wurde das gelegentlich für die zwischen Lateran und Kolosseum gelegene Kirche *San Clemente* angenommen, wo über Vorgängerbauten aus dem späteren 1. Jahrhundert im 4. Jahrhundert eine Halle errichtet wurde, die man später zu einer dreischiffigen Basilika umbaute. Die auf heutigem Straßenniveau liegende Kirche stammt aus dem 12. Jahrhundert. Gelegentlich wird erwogen, dass zu den bis ins 1. Jahrhundert zurückreichenden Gebäuden das Wohnhaus des römischen Konsuls des Jahres 95, Titus Flavius Clemens, gehört haben könnte, der evtl. mit seiner Frau Domitilla zum Christentum übergetreten war. Dieser wäre dann zugleich der Namenspatron des im 4. Jahrhundert bezeugten *Titulus Clementis* gewesen. Diese Interpretation ist allerdings nicht gesichert. Es kann sich auch um ein öffentliches Gebäude gehandelt haben, was durch die Tatsache unterstützt werden könnte, dass im frühen 3. Jahrhundert ein Mithräum, also eine Kultstätte des zu dieser Zeit weit verbreiteten Mithraskultes, in dieses Gebäude integriert wurde. Ob es sich also um das Privathaus des flavischen Konsuls Clemens gehandelt hat und dieses sogar Versammlungsort für eine christliche Gemeinde war, lässt sich nicht erweisen. Damit bleibt auch unsicher, ob sich der Name der Kirche auf diesen Clemens zurückführen lässt, an dessen angeblicher Hinwendung zum Christentum zudem durchaus Zweifel angebracht sind. Sie könnte auch im 4. Jahrhundert Clemens von Rom, der als dritter Bischof von Rom und Verfasser des 1. Clemensbriefes gilt, gewidmet worden sein. Die Verbindung mit dem Konsul Clemens wäre dann eine spätere Legendenbildung.

Unter SS. Giovanni e Paolo wurde am Westabhang des Celio ein aus dem 4. Jahrhundert stammendes Haus *(Domus)* ausgegraben, das seinerseits auf ältere Wohnhäuser aus dem 2. und 3. Jahrhundert zurückgeht. Darin findet sich eine Nische mit christlichen Darstellungen in zwei Registern, hinter der vermutlich das Grab dort verehrter Märtyrer lag. An der Rückwand ist im unteren Teil eine Orantengestalt (eine betende Figur) zu sehen, der obere Teil wurde im 5. Jahrhundert durch einen Fensterdurchbruch in der Mitte zerstört. Rechts und links befinden sich die Reste der Fresken von zwei Männergestalten, die oberen Hälften sind allerdings nicht erhalten. Im oberen Register der linken und rechten Wand finden sich Martyriumsdarstellungen: Links werden offenbar zwei Männer und eine Frau zur Verurteilung geführt, rechts sind zwei Männer und eine Frau zu sehen, die kniend, mit verbundenen Augen und auf dem Rücken gebundenen Händen, offenbar kurz vor ihrer Hinrichtung stehen. Es handelt sich augenscheinlich um eine Gebetsnische, die der Besitzer, mutmaßlich ein Christ, zur Verehrung von Märtyrern einrichten ließ. Weitergehende Schlüsse, etwa auf einen christlichen Versammlungsraum, lassen sich daraus nicht ziehen. Auch das Verhältnis dieses wohl privat genutzten Gebetsraums zu der darüber liegenden Kirche bleibt unsicher. Es ist nicht einmal gesagt, dass es eine solche Verbindung überhaupt gab. Bemerkenswert sind dagegen vor allem die genannten Fresken, bei denen es sich um die ältesten bekannten christlichen Martyriumsdarstellungen handelt.

Santa Pudenziana, eine unweit von Santa Maria Maggiore gelegene Kirche aus dem 4. Jahrhundert, ist eine weitere stadtrömische Kirche, für die mitunter ein Ursprung in einer Hauskirche vermutet wurde. Demzufolge könnte sie auf den römischen Senator Pudens aus dem 1. Jahrhundert zurückgehen. Daran knüpft sich die Legende von der Bekehrung des Pudens und seiner beiden Töchter Pudenziana und Praxedis, der ebenfalls eine in der Nähe gelegene Kirche gewidmet ist, durch Petrus. Nachweisen lässt sich jedoch lediglich, dass im 4. Jahrhundert eine Kirche in ein älteres Gebäude, offenbar ein öffentliches Bad, eingebaut wurde, das aus dem 2. Jahrhundert stammt und seinerseits auf einem Wohnhaus aus dem 1. Jahrhundert errichtet worden war. Dieses Wohnhaus könnte der Familie des Pudens gehört haben. Der Name wäre dann später auf die Kirche übertragen worden, wofür es analoge Fälle gibt (z.B. Santa Sabina auf dem Aventin). Eine Verbindung zwischen der Kirche aus dem 4. Jahrhundert und einer vermeintlichen Hauskirche des Pudens aus dem 1. Jahrhundert beruht dagegen auf Legendenbildung und lässt sich weder historisch noch archäologisch sichern.

Die Vorstellung von «Hauskirchen», die in Privathäusern eingerichtet und später in Kirchen umgewandelt worden wären, lässt sich demnach für Rom, ebenso wie für andere Orte im Mittelmeerraum, vor dem 3. Jahrhundert weder literarisch noch archäologisch belegen. Die Quellenlage lässt es nicht zu, eine Kontinuität zwischen Häusern, in denen sich die frühen Christen versammelten, und späteren Kirchenbauten herzustellen. Für die zunächst vergleichsweise kleinen Gemeinden ergab sich ohnehin nicht die Notwendigkeit, eigene Gebäude für ihre Versammlungen zu errichten. Auch die politische und gesellschaftliche Stellung der Christen als einer skeptisch beäugten oder sogar marginalisierten und verfolgten Gruppe verhinderte ein Hervortreten durch im Stadtbild wahrnehmbare Bauten. Schließlich ist die Entstehung eigener Gebäude für gottesdienstliche Versammlungen und Rituale auch mit der deutlicheren Ausprägung liturgischer Abläufe und ritueller Formen verknüpft.

Gebäude für die Versammlungen der Christen lassen sich gleichwohl durch verschiedene Belege nachweisen, wobei einige von diesen durch den Umbau von Wohnhäusern entstanden sind. Offenbar haben die Gemeinden die entsprechenden Grundstücke bzw. die darauf befindlichen Gebäude von den Eigentümern erworben, über deren Zugehörigkeit oder Einstellung zur christlichen Gemeinde allerdings keine sicheren Aussagen möglich sind.

Ein frühes archäologisches Beispiel für einen derartigen Umbau findet sich im syrischen Dura Europos. Dort wurde in den Jahren 232/233 ein Wohnhaus zu einer Kirche umgestaltet. Die Verbindung mehrerer Räume schuf einen größeren Versammlungsraum für ca. siebzig bis achtzig Menschen. Einige Jahre später wurde ein weiterer Raum als Taufkapelle *(Baptisterium)* eingerichtet und mit Fresken ausgemalt, die biblische Szenen darstellen, darunter die Heilung eines Gelähmten und Jesu Gang auf dem Wasser. Diese Darstellungen sind, gemeinsam mit den Bildern in den römischen Katakomben, die frühesten erhaltenen Zeugnisse christlicher Ikonographie. Weitere Beispiele früher Kirchen sind für das spätere 3. bzw. frühe 4. Jahrhundert bezeugt, oftmals aus dem syrischen Bereich. So wurde etwa in der nordsyrischen Siedlung Qirqbize zu Beginn des 4. Jahrhunderts ebenfalls ein Haus durch die Verbindung von Räumen zu einer Kirche umgestaltet. Diese Kirche wurde zudem durch ein Podest für den Altar im Ostteil, einen Triumphbogen, der die Apsis vom übrigen Kirchenraum abteilte, sowie ein weiteres Podium im Westteil des Kirchenraums für den Klerus sukzessive dem gottesdienstlichen Gebrauch angepasst.

Ein interessantes literarisches Zeugnis für einen Kirchenbau aus dem späteren 3. Jahrhundert findet sich im siebten Buch der *Kirchengeschichte* des Euseb. Er berichtet dort von einem Konflikt um den damaligen Bischof von Antiochia, Paulus von Samosata. Mit diesem hatte es Streitigkeiten über die Frage des Verhältnisses der göttlichen und menschlichen Natur Jesu Christi und seiner Stellung innerhalb der göttlichen Trinität gegeben, auf die Euseb zu Beginn eingeht. Anschließend erhebt er moralische Vorwürfe gegen Paulus, die sich auf dessen Lebens- und Amtsführung beziehen. Unter anderem erwähnt er, Paulus habe für sich ein Podium *(bēma)* und einen hohen Thron errichten lassen. Dabei ist offensichtlich an einen erhöhten Platz in der Kirche zu denken, auf dem ein besonderer Stuhl für den Bischof stand. Zudem habe Paulus, wie die weltlichen Herrscher, einen abgeteilten Raum *(sekrēton)* in seiner Kirche eingerichtet. Euseb fährt fort, Paulus habe sich geweigert, nachdem er als Bischof abgesetzt worden war, «das Haus der Kirche» zu verlassen. Daraufhin habe man sich an den Kaiser gewandt, der angeordnet habe, dass Paulus «das Haus» übergeben müsse.

In der zweiten Hälfte des 3. Jahrhunderts existierten demnach an verschiedenen Orten Gebäude für die christlichen Gottesdienste, die «Kirche» *(ecclesia)* genannt wurden. Der Begriff bezeichnete fortan nicht mehr nur die Versammlung der Glaubenden an einem Ort oder ihre Gesamtheit – das waren die beiden Bedeutungen, die der Begriff zuvor im christlichen Gebrauch hatte –, sondern umfasste nunmehr auch die Gebäude, in denen sich die Gemeinde versammelte. Damit verbunden war eine deutlichere Ausgestaltung der gottesdienstlichen Liturgie. Das zeigen die Podeste für den Klerus, die «Throne» für die Bischöfe sowie das Baptisterium als separater, dem Kirchgebäude angegliederter Raum für die Taufen. Noch war die politische Stellung der Christen unsicher und es sollte einige Jahrzehnte dauern, bis die Verfolgungen eingestellt wurden und das Christentum anerkannt wurde. Schon zuvor hatten sich jedoch, wie die dargestellten Befunde zeigen, wesentliche Entwicklungen im Kirchenbau und der Liturgie zugetragen, die dann fortgeführt und verstärkt wurden.

Christlicher Glaube und griechisch-römische Geisteswelt

Die Apostelgeschichte erzählt von einem denkwürdigen Auftritt des Paulus in Athen (Apg 17,16–34). Der Verfasser hat den Aufenthalt des Paulus in der griechischen Geistesmetropole, von dem Paulus selbst gar nichts berichtet, zu einem Höhepunkt von dessen Wirken ausgestaltet. Paulus verkündet die Christusbotschaft, anders als sonst, nicht nur in der Synagoge, sondern auch auf der Agora, dem berühmten Marktplatz von Athen, auf dem schon Sokrates die Passanten in philosophische Gespräche verwickelt hatte. Aber nicht nur der Ort ist eine Reminiszenz an Sokrates. Paulus begegnet dort epikureischen und stoischen Philosophen, die ihn auf den Areopag führen, einen Felshügel, der auch Sitz der Athener Gerichtsbarkeit war, die darum ebenfalls mit diesem Namen bezeichnet wurde. Hier hält Paulus eine Rede vor den Philosophen, in der er darlegt, dass der «unbekannte Gott», für den er einen Altar auf der Agora gesehen habe und den die Griechen und Römer schon immer verehrt hätten, allerdings ohne ihn zu kennen, der Schöpfergott und Herr über alle Völker sei, den Paulus ihnen nunmehr verkünde.

In der Rede wird der jüdisch-christliche Glaube sodann auf eine Weise dargestellt, die ihn auch nichtjüdischen gebildeten Zuhörern und Lesern zugänglich werden lässt. Paulus spricht z.B. von der Erschaffung der «Welt» (*kósmos*) und nicht «des Himmels und der Erde», wie es am Beginn der Bibel heißt. Die Erschaffung der Menschen durch Gott und ihre darauf gründende Beziehung zu Gott wird nicht mit dem biblischen Schöpfungsbericht, sondern mit dem Ausspruch eines griechischen Dichters: «Wir sind seines Geschlechts» (Apg 17,28), begründet. Zudem fehlen spezifisch jüdische oder christliche Vorstellungen und Begriffe in der Rede nahezu vollständig.

Die Areopagrede macht damit deutlich, dass sich der christliche Glaube am Ende des 1. Jahrhunderts zunehmend in die griechisch-römische Geisteswelt hineinbegibt. Das ist zum einen auf die geographische Verbreitung des Christentums, zum anderen auf den zunehmenden Anteil von Nichtjuden in den christlichen Gemeinden zurückzuführen. Diese Entwicklungen führten dazu, dass der Christusglaube auch Einzug in die intellektuellen Diskurse hielt und philosophisch reflektiert wurde.

Anders als in der Areopagrede, die eine Komposition des Verfassers der Apostelgeschichte ist und nicht tatsächlich von Paulus gehalten wurde, finden sich bei Paulus selbst sowie in anderen Schriften des Neuen Testaments philosophische Vorstellungen nur in Ansätzen. Der Begriff «Philosophie» kommt im Neuen Testament nur an einer Stelle vor, und zwar in negativer Weise zur Bezeichnung einer Lehre, die als falsch zurückgewiesen wird (Kol 2,8). Ansonsten sind vor allem in den paulinischen und deuteropaulinischen Briefen sowie im Hebräerbrief einige Vorstellungen und Begriffe aus der zeitgenössischen Philosophie anzutreffen, jedoch keine expliziten Bezugnahmen auf griechische Philosophen oder Auseinandersetzungen mit philosophischen Vorstellungen. Das ändert sich im Laufe des 2. Jahrhunderts. Der christliche Glaube wird nunmehr immer häufiger mit Hilfe philosophischer (häufig platonischer) Kategorien und Begriffe interpretiert. Einige christliche Autoren bringen dabei eine gediegene philosophische Bildung mit, in anderen Fällen beruhen die Bezugnahmen dagegen auf allgemeiner Kenntnis von Themen und Vorstellungen zeitgenössischer Philosophie.

Die geschilderte Szene aus der Apostelgeschichte steht an der Schwelle der Auseinandersetzung zwischen christlichem Glauben und griechisch-römischer Philosophie: Paulus, dessen Herkunft aus dem Judentum die Apostelgeschichte deutlich hervorhebt, wird in dieser Szene zum Vermittler des jüdisch-christlichen Glaubens an die heidnische Welt. Damit wird der Blick zugleich auf Entwicklungen gelenkt, die in der Geschichte des Christentums zunehmend an Bedeutung gewinnen.

Zur Zeit des entstehenden Christentums existierten mehrere philosophische Schulen, die auf eine längere Entstehungsgeschichte zurückgehen, in deren Verlauf sie sich verändert und aneinander angenähert hatten. Die wichtigsten waren die auf Platon zurückgehende «Akademie», der von Aristoteles begründete sogenannte «Peripatos» (griechisch für «Wandelhalle», als dem Ort des Philosophietreibens), die «Stoa» (griechisch für «Säulenhalle», wo der Begründer Zenon in Athen seine Philosophie betrieb) sowie der von Epikur begründete «Kēpos» («Garten»). Dazu kamen die Kyniker, die allerdings weniger eine spezifische Lehre als vielmehr eine bestimmte Lebensform propagierten, nämlich Bedürfnislosigkeit und Unabhängigkeit von den äußeren Umständen. Ein bekannter Kyniker war Diogenes von Sinope, der im 4. Jahrhundert v. Chr. lebte und durch seinen oft provokanten Lebensstil von sich reden machte.

Alle philosophischen Richtungen vereinte die Frage nach einem dem Menschen angemessenen, glücklichen Leben. Zur Zeit des entstehenden Christentums wurden dabei mitunter Elemente verschiedener Schulen miteinander verbunden. Zudem gewannen neben den theoretischen Konzepten zunehmend Fragen der Lebensorientierung und ethischen Praxis an Bedeutung. Die philosophischen und ethischen Lehren wurden oftmals durch freie Lehrer verbreitet, die zumeist in den Städten wirkten und sich für ihre Lehrvorträge bezahlen ließen. Für das frühe Christentum, das ebenfalls eine starke ethische Orientierung hatte, bot es sich an, die eigenen Lehren ebenfalls in Form philosophischer Lehrvorträge in den intellektuellen und ethischen Diskurs einzubringen. Es verwundert deshalb nicht, dass sich das Christentum selbst als «Philosophie» (oder sogar als «wahre Philosophie») bezeichnete und den christlichen Glauben entsprechend verbreitete.

Bereits in der ersten Hälfte des 2. Jahrhunderts wirkten christliche philosophische Lehrer in Alexandria und/oder Rom. Zu nennen sind vor allem Basilides, Karpokrates, Valentin und Markion. Sie trugen Interpretationen des christlichen Glaubens in Form von Lehrvorträgen vor, für die sie, wie andere Lehrer auch, bezahlt wurden. Die Form philosophischer Lehrvorträge ist später auch für Origenes bezeugt, der in Caesarea Maritima einen eigenen Schulbetrieb gründete.

Die Auffassungen der genannten Lehrer (Origenes ist ein anders gelagerter Fall) sind nur fragmentarisch in Form von Zitaten bei christlichen Autoren erhalten, die sie zumeist in negativer Weise zitieren, um sie zu widerlegen. Der Grund hierfür ist, dass diese Lehren von denjenigen Theologen, die für die Ausbildung der christlichen Theologie maßgeblich werden sollten, abgelehnt und als häretisch verurteilt wurden. Bei Justin (*1. Apologie* 26) und Irenäus (*Gegen die Häresien* I 23–31) wird sogar eine Genealogie entworfen, der zufolge diese Lehren auseinander hervorgegangen seien und bei Simon Magus ihren Anfang genommen hätten. Dabei handelt es sich jedoch um eine polemische Konstruktion, durch die Irenäus die verschiedenen Lehrsysteme insgesamt als der Wahrheit des christlichen Glaubens widersprechend aufweisen möchte. Bei einer Rekonstruktion dieser Lehren ist deshalb in Rechnung zu stellen, dass ihre Darstellungen bei den maßgeblichen Theologen Einseitigkeiten und Verzerrungen enthalten, weshalb sie oft nur in Umrissen erkennbar sind.

Die Lehren der Genannten sind als erste Versuche zu beurteilen, den Glauben an Jesus Christus mit Hilfe philosophischer Vorstellungen und Begriffe zu erklären. Die dabei entwickelten Systeme weisen einige Gemeinsamkeiten auf, setzen aber auch je eigene Akzente. Weil Gottes- und Welterkenntnis in diesen Entwürfen eine besondere Rolle spielt, werden sie auch unter dem Begriff «Gnosis» (griechisch für «Erkenntnis») subsumiert. Dabei ist allerdings zu beachten, dass es sich um verschiedene Entwürfe handelt, zu denen je eigene Schulen bzw. Gemeinschaften gehören. Zudem darf die negative Charakterisierung als «fälschlich sogenannte Gnosis» bei Irenäus und anderen Autoren (der Begriff findet sich bereits in 1 Tim 6,20) nicht den

Blick dafür verstellen, dass es sich um eigenständige christliche Denker handelt, auch wenn ihre Entwürfe in der christlichen Theologie Randerscheinungen geblieben sind.

Der Verwendung des Begriffs «Gnosis» liegt ein typologisches Modell zugrunde, das die verbindenden Merkmale dieser Lehren betont. Dazu gehört z. B. die Vorstellung, dass der oberste Gott jenseitig und unzugänglich ist; dass er sich der Welt durch eine abgestufte Reihe göttlicher Figuren mitteilt; dass die Welt nicht von dem obersten Gott selbst erschaffen, sondern durch eine feindliche Macht hervorgebracht wurde; dass der Mensch seinen Ursprung in der oberen Welt hat und in der irdischen Welt fremd ist; dass er über diese Situation durch eine Figur erfahren kann, die aus der oberen Welt geschickt wird und ihm diese Erkenntnis bringt und dass die Erlösung darin besteht, dieser Erkenntnis entsprechend in der Welt zu leben und den Weg zurück in die obere Welt zu finden.

Nicht jedes dieser Merkmale findet sich in allen Schriften, die der «Gnosis» zugerechnet werden. Mitunter klingen einzelne Motive an, ohne dass dahinter ein umfassenderes mythologisches System stehen muss. Die Frage, wie weit oder eng der Begriff «Gnosis» gefasst werden sollte und welche Schriften einer solchen Kategorie zugerechnet werden können, wird deshalb unterschiedlich beantwortet. Deutlich ist auf jeden Fall, dass seit dem 2. Jahrhundert zahlreiche Schriften die christliche Botschaft im Kontext philosophischer und kosmologischer Systeme interpretieren.

Basilides unterschied zwischen einem obersten Gott und dem niederen, minderwertigen Gott des Alten Testaments. Er vertrat weiter eine platonisierende Lehre von der Vernunftseele, zu der die Leidenschaften als «Anhängsel» gehören und denen falsche, fremdartige Naturen von Tieren (Wolf, Affe, Löwe usw.) zuwachsen würden. Diese würden in der Seele Begierden ähnlich denen der Tiere hervorrufen. Ebenfalls in platonischer Tradition steht die Vorstellung von einer Reinkarnation der Seelen. Der Glaube wird bei Basilides in philosophischer Begrifflichkeit als ein Erfassen ohne Beweis und Zustimmung zu Dingen, die die Wahrnehmung nicht bewegen, weil sie nicht anwesend sind, bestimmt. Basilides beschäftigte sich darüber hinaus mit der Frage, warum Christen leiden. Der Grund dafür ist laut Basilides, dass sie Sünder sind, selbst wenn die Sünde nur in der Absicht zu einer schlechten Tat bestand.

Eine eigene Rolle bei der Entwicklung von Lehrsystemen im 2. Jahrhundert kommt Markion zu (s. o., II.1). Er behauptete einen schroffen Gegensatz zwischen dem obersten, guten Gott, den er als den Vater Jesu Christi verstand, und einem zornigen, strafenden Gott, den er mit dem Gott der jüdischen Bibel identifizierte und «Demiurg» («Handwerker») nannte – eine Bezeichnung, die Platon in seinem Dialog «Timaios» für den Schöpfergott verwendet. In seinem «Antithesen» betitelten Werk stellte Markion Aussagen aus der jüdischen Bibel und den frühchristlichen Schriften (die Bezeichnung «Altes Testament» gab es noch nicht und Markion hat vermutlich auch die Bezeichnung «Neues Testament» noch nicht für die christliche Schriftensammlung verwendet) einander gegenüber, um zu zeigen, dass darin nicht von demselben Gott die Rede sein könne. Vielmehr würden die beiden Götter für «Gesetz» und «Evangelium» als zwei einander diametral entgegengesetzte Prinzipien stehen. Markion gründete eine Gemeinschaft, die zahlenmäßig rasch anwuchs und im stadtrömischen Christentum sehr einflussreich war. Obwohl von Markion keine philosophische Lehre im engeren Sinn überliefert ist, lässt er sich zu den Lehrern rechnen, die die christliche Botschaft auf der Grundlage rationaler Argumentationen entfalteten und sich dabei philosophischer Begriffe und Vorstellungen bedienten.

Valentin lehrte, dass die Welt vom Geist Gottes durchwirkt sei. Der Mensch sei unvollkommen geschaffen, habe aber die Möglichkeit, durch Erkenntnis zu seiner ursprünglichen, ewigen Existenz zurückzukehren. Diese Erkenntnis werde durch Jesus Christus offenbart. Das von unreinen Geistern bewohnte Herz des Menschen gleiche einer Herberge, in der sich die Gäste schlecht benehmen. Wenn es jedoch von dem guten Vater, dem obersten Gott, mit Licht durchflutet werde, könne der Mensch Gott schauen. Über Jesus Christus lehrte Valentin, dass er zwar gegessen und getrunken habe, die Speise in seinem Leib jedoch nicht verdaut worden sei. So brachte er zum Ausdruck, dass der irdische Jesus aufgrund seiner göttlichen Herkunft von anderen Menschen unterschieden war.

Valentin begründete eine Schule, deren Anhänger bereits von Justin, der zur selben Zeit in Rom wirkte, als «Valentinianer» bezeichnet werden (*Dialog mit dem Juden Tryphon* 35,6). Zu den Schülern Valentins, die seine Lehre weiterentwickelten, gehörten u. a. Herakleon und Ptolemäus, evtl. auch der bereits genannte Magier Markus. Dabei entstand ein System, an dessen Spitze der oberste Gott steht, der *Bythos* («Abgrund») heißt und selbst von der Welt radikal geschieden und unerkennbar ist. Das System differenziert sich aus in acht «Äonen» (himmlische Sphären), die in vier männlich-weiblichen Paaren einander zugeordnet werden. Aus dieser «Ogdoas» (Achtheit) gehen weitere Prinzipien in absteigender Weise hervor, die schließlich beim Kosmos enden, der mit den oberen Sphären zusammenhängt, zugleich jedoch durch eine lange Kette von «Zwischengliedern» von dem obersten, vollkommenen und guten Urvater (oder Uranfang) getrennt ist. Das valentinianische System will auf diese Weise Antworten auf die Grundfragen nach der Erschaffung der Welt und des Menschen, der Herkunft des Bösen und dem Weg zur Erlösung geben. Das trifft auch auf die komplexe Christologie zu, die von dem aus dem Vater hervorgegangenen Gedanken über mehrere Instanzen bis zum Menschen Jesus hinabführt, durch den der jenseitige Gott in der Welt bekannt gemacht wird. Die Erlösung des Menschen, die ihm durch Erkenntnis vermittelt wird, betrifft nur den Geist; Seele und Leib dagegen werden vernichtet.

Ein ähnliches System wie das valentinianische System ist das von Irenäus (*Gegen die Häresien* I 29) auf die Barbelo-Gnostiker zurückgeführte. Dieses System findet sich darüber hinaus in mehreren Schriften aus Nag Hammadi, so z. B. im Apokryphon des Johannes, der Hypostase der Archonten und der Apokalypse des Adam. Mit dem valentinianischen Mythos verbindet es die Vorstellung von «Emanationen» («Hervorbringungen») des obersten, unaussprechlichen Geistes, der auch «Vater» genannt wird. Als Erstes geht aus dessen Denken Barbelo als sein

Bild und weibliches Prinzip oder «Mutter» hervor. Des Weiteren entsteht der Sohn, der auch «Autogenes» («Selbsterzeugter») heißt. Dem obersten Gott steht der niedere, böse Schöpfergott gegenüber, der den Namen «Jaldabaoth» trägt. Er erschafft den irdischen Menschen nach dem Vorbild des himmlischen Urbildes. Diesem haucht er die Lebenskraft ein, die er Sophia, seiner Mutter, gestohlen hat. Die Befreiung des Menschen aus der Gefangenschaft in der vergänglichen Welt erfolgt durch die Sendung des Erlösers, der mit Seth, dem dritten Sohn von Adam und Eva, oder mit Jesus Christus identifiziert werden kann und der den in den Menschen vorhandenen «Samen» wieder einsammelt.

Dieser Mythos findet sich sowohl in christlichen als auch in nichtchristlichen Schriften aus Nag Hammadi. Derartige Systeme, die Anleihen bei philosophischen Vorstellungen machen und sie in eigener Weise mythologisch verarbeiten, wurden mithin sowohl innerhalb als auch außerhalb des Christentums entwickelt. Da Seth in einigen, nicht in allen, dieser Schriften eine Rolle spielt, ist diese Richtung auch «sethianische Gnosis» genannt worden. Allerdings nimmt Seth in diesen Schriften verschiedene Rollen ein und ist auch nicht die prägende Figur. Von dem bei Hippolyt und Epiphanius referierten System der «Sethianer» unterscheidet sich das in den genannten Schriften dargestellte in mehrfacher Hinsicht. Die Bezeichnung «sethianisch» ist deshalb etwas missverständlich. Mitunter wird dieses System mit einer Gruppe in Verbindung gebracht, die sich selbst «Gnostiker» genannt haben könnte. Diese Bezeichnung findet sich bei Irenäus und Porphyrius (vgl. auch Origenes, *Gegen Kelsos* 5,61) und könnte auf eine eigene frühchristliche Gruppe verweisen, auch auf «Valentinianer» (vgl. Justin, *Dialog mit dem Juden Tryphon* 35,6).

Eine wichtige Rolle spielt der Begriff «Erkenntnis» auch bei Clemens von Alexandria, einem christlichen Lehrer, der um die Wende vom 2. zum 3. Jahrhundert in der dortigen Gemeinde wirkte. Clemens war hochgebildet, sowohl in der – vor allem platonisch inspirierten – Philosophie als auch in Bereichen wie Geschichte, Rhetorik und Medizin. Das geht aus seinem umfangreichen Œuvre hervor, zu dem eine «Mahnrede» *(Protreptikos)* gehört, sich vom heidnischen zum christlichen Glauben zu bekehren, eine «Erzieher» *(Paidagogos)* genannte Einführung in das christliche Leben sowie das aus sieben Büchern bestehende Hauptwerk «Teppiche» *(Stromateis)*. Der vollständige Titel lautet: «Teppiche gnostischer Darlegungen gemäß der wahren Philosophie», sein Inhalt ist eine philosophische Reflexion des christlichen Glaubens. Ob diese Werke als aufeinander aufbauende Teile eines Gesamtwerkes zu verstehen sind, wie mitunter angenommen, bleibt unsicher. Charakteristisch für die «Teppiche» ist jedenfalls, dass sie keinem stringenten Aufbau folgen. Die Themen wechseln ohne eine erkennbare Systematik. Clemens geht es dabei um den Nachweis, dass das Christentum einen älteren Ursprung als die Philosophie hat, die ihrerseits vom christlichen bzw. jüdischen Glauben beeinflusst sei. Dafür greift er auf das auch von anderen christlichen Philosophen vorgebrachte Argument zurück, Mose sei älter als die griechischen Philosophen, die sich in ihren Schriften bei ihm bedient hätten. Damit soll dem Argument, der christliche Glaube sei eine neue Erscheinung, die keine Tradition habe und demnach auch keinen Anspruch auf Autorität erheben könne, begegnet werden.

Anders als die zuvor Genannten beruft sich Clemens dabei häufig auf die biblischen Schriften des Alten und Neuen Testaments. Mitunter nennt er auch andere Schriften wie das Hebräer- und das Ägypterevangelium oder die Offenbarung des Petrus, was darauf hinweist, dass es zu seiner Zeit noch keinen fest abgegrenzten Kanon biblischer Schriften gab. Er will aufzeigen, dass die christlichen Schriften den philosophischen Vorstellungen in keiner Weise widersprechen, zugleich will er zu einem christlichen Leben anleiten. Seine Schriften sind deshalb vor allem ethisch ausgerichtet und geben mitunter sehr detaillierte Ratschläge für Lebenssituationen wie Ehe und Sexualität, Umgang mit Sklaven und überhaupt mit Besitz, aber auch zu Ernährung und Körperpflege. Eine systematische Darlegung der christlichen Glaubensinhalte, wie sie dann Origenes in seinem Werk «Über die Hauptlehren» *(De principiis)* vorgelegt hat, gibt es dagegen bei Clemens nicht.

Einen wichtigen Stellenwert nimmt bei Clemens die Kritik derer ein, die sich «vollkommen» und «Gnostiker» nennen und meinen, im Besitz der vollständigen Wahrheit zu sein. Er setzt sich u. a. mit Valentin, Karpokrates und Markion sowie deren Anhängern auseinander und wirft ihnen sowohl intellektuelles Ungenügen als auch ethisches Fehlverhalten vor. Der wahre Gnostiker (also der in Wahrheit Erkennende) sei dagegen mit der theoretischen Betrachtung der Welt, der Erfüllung der Gebote und der «Heranbildung tüchtiger Männer» befasst (*Teppiche* II 46,1), um so zur Vollkommenheit zu gelangen.

Von Seiten griechischer und römischer Philosophen wurde das Christentum vielmehr mitunter scharf attackiert und die Auseinandersetzung wurde mit beachtlichem intellektuellem Aufwand geführt. Zwei der bekanntesten Kritiker sind die bereits genannten Philosophen Kelsos und Porphyrios, die im 2. bzw. 3. Jahrhundert umfangreiche Schriften gegen die Christen verfassten, die von christlicher Seite aufgegriffen und widerlegt wurden. Mit Kelsos hat sich Origenes ausführlich auseinandergesetzt (s. dazu den nächsten Abschnitt). Porphyrios wirkte die meiste Zeit in Rom, wo er die Schule seines Lehrers Plotin nach dessen Tod fortführte. Er war ein überaus gebildeter und einflussreicher Philosoph, der zahlreiche Schriften zu diversen philosophischen und ethischen Themen verfasste und dessen Lehren weit über die Antike hinaus Wirkung entfalteten. Er kam auch mit dem Christentum in Kontakt, wobei seine persönliche Bekanntschaft mit Origenes eine Rolle gespielt haben dürfte. Porphyrios verfasste ein großes Werk «Gegen die Christen» in fünfzehn Büchern, das allerdings nur in wenigen Auszügen erhalten ist, nicht zuletzt, weil von christlichen Kaisern des 4. und 5. Jahrhunderts seine Vernichtung angeordnet wurde. Zum Teil sind die von Porphyrios erhobenen Anschuldigungen bereits zuvor formuliert worden – etwa, das Christentum sei barbarischen Ursprungs, es sei vor allem eine Religion für Ungebildete und Frauen, es verachte die althergebrachten Traditionen und sei für Katastrophen und Unglücke aller Art verantwortlich, weil es die Verehrung der römischen Götter missachte.

Über diese seit dem 2. Jahrhundert häufig formulierten Vorwürfe hinaus erhebt Porphyrios weitere Einwände, die ihn als guten Kenner der biblischen Schriften ausweisen. So macht er etwa auf Widersprüche innerhalb dieser Schriften aufmerksam und kritisiert die Art und Weise, wie sich im Christentum auf das Alte Testament bezogen wird, als willkürlich.

Die Auseinandersetzungen christlicher mit nichtchristlichen Philosophen zeigen, dass sich das Christentum im Verlauf des 2. und 3. Jahrhunderts philosophische Traditionen in eigenständiger Weise aneignete und damit in den intellektuellen Diskurs über diese Traditionen eintrat. An heftiger Polemik auf beiden Seiten fehlte es dabei nicht. Da die Christen zu dieser Zeit keine politische Macht besaßen, war die denkerische Plausibilisierung der christlichen Glaubensinhalte umso wichtiger, um in der Gesellschaft Fuß zu fassen. Die christlichen Philosophen dieses Zeitraums spielen dabei eine wichtige Rolle.

Neben philosophischen Traditionen hat sich das entstehende Christentum auch die Geschichtsschreibung auf eigene Weise angeeignet. Der erste diesbezügliche Entwurf ist die Apostelgeschichte des Neuen Testaments. In Anknüpfung an die griechisch-römische Geschichtsschreibung, für die z. B. die Gestaltung von Reden der Protagonisten charakteristisch war, bietet sie eine Darstellung der Ausbreitung des Christentums von Jerusalem nach Rom, in der u. a. Petrus, Stephanus und Paulus auftreten und große Reden halten. Die Apostelgeschichte steht am Beginn einer Sicht auf die Geschichte als eines kontinuierlichen, von Gott gelenkten Ereigniszusammenhangs, durch den sich die Kirche in der Welt ausbreiten wird. Die nächste christliche Geschichtsdarstellung ist die in der ersten Hälfte des 4. Jahrhunderts in mehreren Ausgaben entstandene *Kirchengeschichte* des Euseb.

Dazwischen liegen historische Schriften anderer Form, nämlich die Chroniken. Deren Verfasser orientierten sich an den gängigen Einteilungsprinzipien wie Regierungsjahren der Herrscher, Olympiaden, den Listen der römischen Konsuln *(fasti consulares)* u. a. Zu nennen wäre Hippolyt (ca. 170–235), der mehrere chronographische Werke, darunter eine Weltchronik

(Chronicon), verfasste, die bis zum Jahr 234 n. Chr. reicht und in der die Geburt Christi auf das Jahr 5500 nach Weltbeginn datiert wird. In einem weiteren Werk stellte er Überlegungen zum Auftreten des Antichrist und zum Weltende mit der Parusie Christi an, wobei er sich auf prophetische Schriften des Alten Testaments und die Offenbarung des Johannes stützte und daraus die Lehre von vier aufeinander folgenden Weltreichen entwickelte. Etwa zeitgleich wirkte Julius Africanus (ca. 170–240), der als «Vater der christlichen Chronographie» bezeichnet worden ist. Er verfasste ebenfalls eine Weltchronik *(Chronographiai)* in fünf Büchern, die von der Erschaffung der Welt bis zum Jahr 221 reicht und zur Grundlage chronologischer Werke späterer christlicher Autoren wurde, etwa des Euseb von Cäsarea. Für die gesamte Zeitspanne bis zum Weltende setzte er sechstausend Jahre an, die Geburt Christi datierte er, wie Hippolyt, auf das Jahr 5500.

Schließlich gehört auch Euseb von Cäsarea (ca. 264–340) in diese Tradition. Die von ihm verfasste Chronik reicht bis zum Jahr 311 und stellt zunächst die Chronologien der Chaldäer (bzw. Assyrer), Hebräer, Ägypter, Griechen und Römer dar und enthält in ihrem zweiten Teil in Form von Listen *(canones)* einen historischen Überblick von der Erschaffung der Welt bis ins Jahr 325, wobei jeweils Angaben zur Weltgeschichte und zur biblischen Geschichte seit Abraham einander gegenüberstehen. Dadurch will er zeigen, dass das Christentum keine neue Erscheinung ist, sondern auf eine alte Tradition zurückgeht. In seiner *Kirchengeschichte*, für die er zahlreiche Quellen verarbeitete, stellt Euseb die Entwicklung der Kirche ins Zentrum. Er will zeigen, warum sie sich im Römischen Reich trotz fortwährender Verfolgungen behauptet hat. Euseb verfolgt mit seiner Darstellung also ein dezidiert theologisches Interesse. Die christlichen Autoren – zu nennen wären weiter Clemens von Alexandria, Irenäus und Hegesipp – haben eigene Zugänge zur Geschichtsdarstellung und -deutung entwickelt. Dabei wurden Anleihen bei der griechisch-römischen Geschichtsschreibung, apokalyptische und apologetische Motive sowie theologische Interessen in verschiedener Weise miteinander in Beziehung gesetzt.

Die Apologeten: Verteidigung gegen nichtchristliche Polemik

Explizit zum Zweck der Rechtfertigung werden Philosophie und christlicher Glaube bei einer Gruppe christlicher Autoren des 2. und 3. Jahrhunderts zueinander ins Verhältnis gesetzt, die das Christentum gegenüber Politik und Gesellschaft verteidigten und sich dazu der rationalen, philosophischen Argumentation bedienten. Sie verfassten Schriften, die häufig *Apologia* («Verteidigungsschrift») hießen. Ihre Verfasser werden deshalb unter der Bezeichnung «Apologeten» zusammengefasst. Das gemeinsame Merkmal dieser Schriften ist, dass sie sich gegenüber Vorwürfen und Verleumdungen, die den Christen von Politik und Gesellschaft entgegengebracht wurden, zur Wehr setzten. Dazu gehörten die schon genannten Anschuldigungen der Traditionsfeindlichkeit, Barbarei, Unbildung usw., zu denen noch kam, die Christen würden einen Gekreuzigten als Gott anbeten. Dieser Vorwurf ist seit früher Zeit und in vielfacher Weise gegen die Christen erhoben worden, denn die Verehrung eines Gekreuzigten als Gott war für das antike Verständnis von Göttern und deren Verehrung schlechterdings nicht nachvollziehbar. Das wird bereits bei Paulus deutlich, der im 1. Korintherbrief die christliche Verkündigung als «Wort vom Kreuz» charakterisiert, das «für Juden ein Skandal, für Griechen eine Torheit» sei (1 Kor 1,18–25). Damit hat er die Wahrnehmung der christlichen Botschaft von außen pointiert auf den Punkt gebracht: Für Juden war es «skandalös», einen als politischer Aufrührer Gekreuzigten zu dem von Gott gesandten Heilsbringer zu erklären. Für die «Griechen» (also für die Nichtjuden) war eine derartige Behauptung schlichtweg eine Torheit.

Mit genau diesem Vorwurf hatten sich die Verteidiger des Christentums in der Folgezeit immer wieder auseinanderzusetzen. Justin benennt ihn in seiner 1. Apologie in folgender Weise: «Darin nämlich klagt man uns des Wahnsinns an, dass wir den zweiten Platz nach dem unwandelbaren und ewig seienden Gott und Schöpfer aller Dinge einem gekreuzigten Menschen geben» (*1. Apologie* 13,4). Justin verteidigt die Christen gegen den Vorwurf der Gottlosigkeit und erläutert, dass das Bekenntnis zu Jesus Christus als dem wahrhaftigen Sohn Gottes keineswegs einen solchen Vorwurf begründen könne.

Der im 2. Jahrhundert schreibende Philosoph und Satiriker Lukian von Samosata macht sich in seiner Schrift «Über den Tod des Peregrinus» über «jenen gekreuzigten Sophisten» lustig, den die Christen verehren (13). Eine Zuspitzung erhielt dieser Spott durch die Behauptung, die Christen würden einen Esel verehren. Einen Eselskult hatten antike Autoren bereits den Juden angedichtet, von wo er auf die Christen übertragen wurde. Worauf diese Verunglimpfung gründet, ist nicht zweifelsfrei festzustellen. Tertullian setzt sich mit einer entsprechenden Behauptung bei Tacitus (*1. Apologie* 16,1–5) und deren Anwendung auf die Christen (*An die Nationen* I 14,1–4) auseinander. Eine bildliche Darstellung dieses Vorwurfs ist das sogenannte Spottkruzifix, das 1856 auf dem Palatin als in eine Wand des zum Komplex der Domus Augustana gehörenden Paedagogium eingeritztes Graffito aus dem 2. Jahrhundert gefunden wurde und sich heute im dortigen Museum befindet. Es zeigt einen gekreuzigten Esel, unter dem ein Mensch mit erhobener linker Hand steht. Darunter steht in (fehlerhaftem) Griechisch: «Alexamenos verehrt Gott».

Bei etlichen Apologeten wird darüber hinaus deutlich, dass sie sich als Verteidiger des Christentums mit philosophischem Anspruch verstanden, die nicht bloß ungerechtfertigte Vorwürfe zurückweisen, sondern zugleich die Logik des Christentums darlegen wollten. Sie richteten ihre Darlegungen deshalb nach außen *und* nach innen. Justin schildert zu Beginn seines Dialogs mit dem Juden Tryphon (s. o., II.1) eine «Bekehrung» von der Philosophie zum christlichen Glauben. Der Bericht ist stark stilisiert und keine Wiedergabe eines tatsächlichen Vorgangs. Justin erzählt, wie er selbst den Weg zur wahren Erkenntnis bei verschiedenen philosophischen Richtungen gesucht hat – den Stoikern, den Peripatetikern, den Pythagoreern und den Platonikern –, bevor er schließlich von einem Gesprächspartner zum christlichen Glauben geführt wird. Justin hebt in diesem Bericht den Wert der Philosophie als Suche nach Wahrheit und Glück

Das sogenannte Spottkruzifix vom Palatin, entdeckt 1856 (Foto: akg-images)

hervor und betont zugleich, dass das wahre Wissen über Gott nur auf dem Weg des christlichen Glaubens erlangt werden könne. Der christliche Glaube erscheint hier als Vollendung der Philosophie, und genau dies wollen Justin und andere auch zum Ausdruck bringen. Justin stellt sich selbst als Philosophen dar, der von seinem Gesprächspartner Tryphon an seinem Gewand, das Philosophen für gewöhnlich trugen, erkannt wird. Der Anfang der Schrift (1–7) ist im Stil platonischer Dialoge gehalten und stellt sich damit bewusst in diese Tradition.

Justin ist ein gebildeter philosophischer Lehrer, der den christlichen Glauben im Horizont zeitgenössischer Philosophie reflektiert. Erkennbar wird dies an seiner in der 2. Apologie dargelegten Lehre vom «keimhaften göttlichen Logos» *(spermatikos theios logos)*. Das Konzept der «keimhaften Ursachen» *(logoi spermatikoi)* ist in der Stoa entwickelt worden und bezeichnete die in allen vernunftbegabten Lebewesen vorhandene Fähigkeit, entsprechend der «Weltvernunft», dem den Kosmos bestimmenden Logos, zu leben. Justin interpretiert dieses Konzept christlich, indem er darlegt, dass die philosophischen Lehren Platons und der Stoiker sowie diejenigen der Poeten und Geschichtsschreiber Anteil an dem die Wahrheit keimhaft austeilenden göttlichen Logos hätten, ihre widersprüchlichen Aussagen jedoch zeigen würden, dass ihnen tiefer eindringendes Wissen und unwiderlegbare Erkenntnis fehlten. Diese seien dagegen den Christen vorbehalten, die den ungezeugten und unaussprechlichen Gott und den von ihm ausgegangenen Logos, der um unseretwillen Mensch geworden ist, lieben. Die früheren Schriftsteller hätten durch die in ihnen wohnende Logosaussaat das Seiende nur undeutlich erkennen können, weil sie nur den Keim und die Nachbildung einer Sache, nicht aber diese selbst schauten (2. *Apologie* 13,2–6).

Justin bezieht sich also positiv auf die früheren Philosophen und Dichter, deren begrenzte Einsichten allerdings erst durch den christlichen Glauben zur wahren Vollendung geführt würden. Am Beginn seiner 1. Apologie, die an den römischen Kaiser Antoninus Pius, dessen (Adoptiv-)Sohn (den späteren Kaiser Mark Aurel), den römischen Senat und das ganze römische Volk gerichtet ist, legt er zudem dar, dass die Christen zu Unrecht gehasst und verfolgt würden, und fordert die Adressaten dazu auf, die gegenüber den Christen erhobenen Vorwürfe nicht einfach zu übernehmen, sondern zu prüfen, ob sie ihrem Verhalten und ihren Lehren tatsächlich gerecht werden.

Justin ist nicht der erste, aber einer der bedeutendsten Apologeten. Vermutlich noch vor Justin verfasste ein Autor mit Namen Aristides eine Apologie an Kaiser Hadrian oder Antoninus Pius. Darin wird beschrieben, welche Form der Gottesverehrung die verschiedenen Klassen der Menschen – Barbaren, Griechen, Juden und Christen – pflegen, um aufzuzeigen, dass die Christen als «neues Volk» als einzige die Wahrheit erkannt hätten. Die christliche Gotteserkenntnis werde durch ihre Lebensweise demonstriert, mit der sie bezeugten, dass sie die Gebote Gottes und Christi halten.

Griechische Apologien wie die von Justin werden von lateinischen aufgenommen und weitergeführt. Deren vermutlich älteste ist das im Jahr 197 verfasste *Apologeticum* von Tertullian.

Es ist in Form einer Verteidigungsrede vor Gericht stilisiert und reflektiert die Situation der Christen im Römischen Reich, speziell in der Heimatstadt Tertullians, dem nordafrikanischen Karthago. Diese war von Anfeindungen gekennzeichnet, denen sich die Christen aufgrund ihrer Weigerung, an römischen Kulten teilzunehmen, ausgesetzt sahen. Das brachte ihnen den Vorwurf ein, an allen Unglücksfällen die Schuld zu tragen. Tertullian plädiert demgegenüber dafür, die Grundlagen des christlichen Glaubens vorurteilsfrei zu prüfen, um dessen Wahrheit zu erkennen. Er legt dar, dass die Christen keinerlei Verbrechen begingen, ihnen jedoch jede Möglichkeit zur Verteidigung genommen werde. Dabei bezieht er sich offenbar auf die zu Beginn des 2. Jahrhunderts in einer Korrespondenz zwischen dem römischen Kaiser Trajan und dem Statthalter Plinius getroffene Regelung, Christen allein aufgrund ihres Bekenntnisses zu verurteilen (s. dazu unten, III.8). Die Anschuldigungen gegen die Christen – etwa, dass sie bei ihren Mählern unschuldige Kinder opfern und verzehren und anschließend Blutschande begehen würden – entbehrten jeglicher Grundlage. Weiter legt Tertullian in einem längeren Diskurs dar, dass die Christen mitnichten dem Kaiser und dem Römischen Reich kritisch oder ablehnend gegenüberständen. Die Christen würden zwar nicht den Göttern opfern, weil diese in Wahrheit gar nicht helfen könnten, sehr wohl aber würden sie für das Wohlergehen der Kaiser zu Gott beten, wie es in den Schriften der Christen ausdrücklich gefordert werde. Zugleich betont er, dass der Kaiser zwar ein Mensch (und nicht Gott) sei, aber von Gott eingesetzt worden sei. Ein weiteres, damit im Zusammenhang stehendes Argument lautet, dass die Christen den einzig wahren Gott verehrten und eben damit der Natur des Menschen gerecht würden, weil die Seele des Menschen christlich sei *(anima naturaliter Christiana)*.

Eine weitere wichtige Apologie im lateinischen Bereich ist der Dialog *Octavius* des Minucius Felix. Sie ist vermutlich in der ersten Hälfte des 3. Jahrhunderts, also nach Tertullians *Apologeticum*, entstanden und setzt dieses voraus. Geschildert wird ein Gespräch in Ostia zwischen einem das Christentum verunglimpfenden Römer mit Namen Caecilius Natalis und einem

Christen namens Octavius, der es verteidigt. Caecilius vertritt die Auffassung, dass es keine vollkommene Erkenntnis der Wahrheit geben könne, und plädiert deshalb dafür, bei der althergebrachten Form der Götterverehrung zu bleiben. Es sei verwerflich, sich gegen die Götter zu wenden. In heftiger Polemik gegen die Christen hält er ihnen vor, eine Schar von Ungebildeten zu sein, die sich zu nächtlichen Versammlungen und menschenunwürdigen Mählern treffe, von öffentlichen Veranstaltungen fernbleibe und zwar auf der Erde ohne Todesfurcht sei, dafür aber den Tod nach dem Tod fürchte und deshalb von einem neuen Leben nach dem Tod rede. Octavius hält Caecilius entgegen, dass die Menschen sehr wohl die Ordnung der Welt erkennen und daraus auf Gott schließen könnten. Dafür ließen sich auch Worte der Dichter und die Lehre der Philosophen anführen. Die Vorwürfe gegen die Christen werden als unzutreffend zurückgewiesen. Octavius verweist auf die hochstehende Ethik der Christen, die den Reichtum verachten, Freiheit gegenüber irdischen Dingen haben und auch vor körperlichen Leiden und dem Tod nicht zurückschrecken. All dies beweise die Überlegenheit des christlichen Gottesglaubens gegenüber dem heidnischen ebenso wie gegenüber der skeptischen Position des Caecilius. Die fulminante Rede des Octavius, die den Hauptteil des Dialogs bildet, führt dazu, dass Caecilius seine frühere Position als Irrtum erkennt und sich zum christlichen Glauben bekennt.

In seiner in acht Bücher gegliederten Streitschrift «Gegen Kelsos», die in den vierziger Jahren des 3. Jahrhunderts in Cäsarea entstand, setzt sich Origenes mit heidnischen Vorwürfen gegen das Christentum auseinander, die der griechische Philosoph Kelsos in seiner Schrift «Wahre Lehre» *(Alēthēs Lógos)* formuliert hatte. Kelsos hatte seine Abhandlung im letzten Viertel des 2. Jahrhunderts vermutlich in Alexandria verfasst, wo auch Origenes vor seiner Übersiedlung nach Cäsarea gewirkt hatte. Die Schrift ist selbst nicht erhalten, aus der Widerlegung bei Origenes, der durchgehend aus ihr zitiert bzw. die Darlegungen des Kelsos in eigener Paraphrase wiedergibt, lassen sich jedoch ihr Aufbau und wesentliche Inhalte erkennen. Die Schrift zeigt, wie sich ein gebildeter Grieche in grundlegender Weise mit dem christlichen, mitunter auch mit dem jüdischen Glauben auseinandersetzt und ihm die «wahre Lehre», nämlich seine eigene, platonisch inspirierte Philosophie, gegenüberstellt. Das lässt darauf schließen, dass der christliche Glaube gegen Ende des 2. Jahrhunderts, jedenfalls in einer Geistesmetropole wie Alexandria, so viel Anziehungskraft besaß, dass er vehemente Zurückweisung verlangte. Umso stärker war die althergebrachte philosophische Sicht auf die Welt, die Götter und ein den Ordnungen der Welt entsprechendes Leben zu betonen.

Kelsos wirft den Christen vor, sie würden heimliche Zusammenkünfte abhalten und dabei gegen die Gesetze verstoßen. Sie seien untereinander zerstritten, zudem sei ihre Lehre philosophisch unzureichend, «barbarisch», voller Widersprüche und werde von Ungebildeten verbreitet. Die Christen würden die Weisheit verachten und die Torheit hochschätzen. Sie würden Bücher mit Zaubersprüchen verwenden und Schaden für die Menschheit herbeiführen. Die Behauptung der Christen, der Logos sei der Sohn Gottes, sei sinnlos, denn die Christen würden dies auf einen Menschen beziehen, der auf grausame Weise umgebracht wurde. Wenn Jesus tatsächlich der Sohn Gottes gewesen wäre, hätte Gott helfend eingreifen müssen, als er am Kreuz hing. Schließlich ruft Kelsos die Christen dazu auf, ihrer Verantwortung für Staat und Gesellschaft gerecht zu werden, an öffentlichen Festen teilzunehmen, sich am Kriegsdienst zu beteiligen und öffentliche Ämter zu übernehmen.

Die Schrift des Origenes ist so angelegt, dass er die Vorwürfe des Kelsos nacheinander aufgreift und widerlegt. Das Werk ist deshalb ein wichtiges Zeugnis für die Darlegung des christlichen Glaubens gegenüber einer auf der Grundlage griechischer (vor allem platonischer) Philosophie formulierten philosophisch-ethischen Position. Origenes beruft sich für seine Widerlegungen häufig auf die biblischen Schriften, bezieht aber auch griechisch-römische Traditionen ein, um die christlichen Glaubensinhalte zu plausibilisieren. So verweist er etwa zur Begründung der Überzeugung, Jesus habe seinen Tod freiwillig zugunsten des Menschengeschlechts auf sich genommen, auf diejenigen, «die für ihr Vaterland gestorben sind, um Pestepidemien oder

Unfruchtbarkeit oder den die Seefahrt gefährdenden Wetterlagen Einhalt zu gebieten» (*Gegen Kelsos* I 31, Übers. Fiedrowicz). Die Verwandlung Jesu in eine göttliche Natur nach seinem irdischen Leben verteidigt Origenes mit dem Hinweis darauf, dass eine Umwandlung der Eigenschaften von Materie grundsätzlich möglich sei, Kelsos selbst zudem bei Asklepios, Dionysos oder Herakles eine Vergöttlichung annehme. Für Jesus gelte dies aufgrund seines heilvollen Wirkens unter den Menschen umso mehr (III 42). Zur Verteidigung der Jungfrauengeburt führt er die Vorstellung von der göttlichen Sendung der Seele in einen Körper an, wie sie sich auch bei griechischen Philosophen findet. So habe Gott die Seele Jesu in einen allen anderen Menschen überlegenen Leib gesendet, weil nur dies der Sonderstellung Jesu gerecht werde. Origenes hält demnach die platonische Lehre von der Seelenwanderung für durchaus plausibel, verbindet sie aber mit dem biblischen Zeugnis über die Geburt Jesu aus einer Jungfrau (*Gegen Kelsos* I 32–34). Die christlichen Überzeugungen werden von Origenes in einer Weise dargestellt, dass sie gerade nicht nur für «Insider», die sie ohnehin bereits teilen, zugänglich sind, sondern auch dann nachvollzogen werden können, wenn man kein Christ ist. Origenes richtet seine Schrift deshalb ausdrücklich an solche, die entweder noch völlig unerfahren oder aber schwach im Glauben sind. Seine Auseinandersetzung mit Kelsos ist ein eindrückliches Beispiel dafür, wie der christliche Glaube in der griechisch-römischen Geisteswelt Fuß gefasst hat.

Christlicher Glaube und nichtchristliche Religionen

In einer polytheistischen Umgebung war Monotheismus eine Provokation. Das oben bereits genannte Bekenntnis zu dem einen Gott und dem einen Herrn Jesus Christus in 1 Kor 8,6 wird von Paulus der Überzeugung, es gäbe viele Götter und viele Herren, gegenübergestellt:

> Wenn es nämlich auch viele gibt, die Götter genannt werden, sei es im Himmel oder auf der Erde – wie es ja tatsächlich viele Götter

und viele Herren gibt – so gibt es für uns nur einen Gott ... und einen Herrn Jesus Christus ...

Der Satz gibt einen Einblick in die Situation, mit der sich Paulus und andere frühchristliche Missionare in den Städten konfrontiert sahen, in denen sie die christliche Botschaft verkündeten. Korinth war, wie auch Philippi, eine römische Kolonie, vor allem bewohnt von Griechen und Römern. An den zahlreichen Kultstätten wurden z.B. der Heilgott Asklepios (Äskulap), die Liebesgöttin Aphrodite (Venus), der Meeresgott Poseidon (Neptun) oder die ägyptischen Gottheiten Isis und Sarapis verehrt. Die offizielle Religion des Römischen Reiches war in Form von Tempeln und Statuen präsent, wovon der Reiseschriftsteller Pausanias (ca. 115–180), der Korinth und zahlreiche weitere Städte und Regionen Griechenlands bereiste, einen anschaulichen Eindruck vermittelt, ebenso wie zahlreiche weitere literarische und archäologische Zeugnisse.

Vor Tempeln wurden vom Priester *(pontifex)* Opfer für die jeweilige Gottheit dargebracht, deren Kultbild sich im Inneren des Tempels *(cella)* befand. Neben der Verehrung der Götter spielte der Herrscherkult in der griechisch-römischen Welt eine wichtige Rolle. Seine Anfänge liegen in der Huldigung griechischer Feldherren und Könige. Durch die Alexander d. Gr. entgegengebrachte Verehrung wurde er noch einmal deutlich verstärkt. Die römischen Kaiser nahmen die kultische Verehrung ihrer Person sowie ihre (in den Anfängen postmortale) Vergöttlichung sehr bald für sich in Anspruch. Daraus entstand bereits im 1. Jahrhundert die Sitte, den Kaiser kultisch zu verehren, z.B. vor seinem Bild Opfer darzubringen.

Neben der öffentlichen Staatsreligion wurden Gottheiten auch in privaten Kontexten verehrt. Die sogenannte «häusliche Religion» *(religio domestica)* hatte eigene Gottheiten (Penaten bzw. Laren), die ihre Bedeutung als Familiengötter hatten. In den Laren waren zudem die verstorbenen Familienmitglieder symbolisch anwesend. Die Verehrung fand an häuslichen Altären statt, für die mitunter eigene Nischen eingerichtet wurden.

Der christliche Gottesglaube, der wesentliche Merkmale des

Judentums übernommen hatte, besaß einen ganz anderen Charakter. Der Gott Israels wurde als der wahre und lebendige Gott verehrt und als transzendentes, personales Gegenüber angerufen. Die Vermittlung des göttlichen Bereichs in den menschlichen erfolgt diesem Glauben zufolge, indem Gott sich durch von ihm gesandte Menschen, durch Schriften und schließlich durch Jesus Christus offenbart. Der in den biblischen Schriften und der Verkündigung Jesu zur Geltung gebrachte Wille Gottes bildete die Grundlage für die Ethik christlichen Lebens.

Das Christentum traf mit seiner Botschaft demnach auf Milieus, in denen eine völlig andere Vorstellung von Gottheiten und deren Verehrung herrschte. Die Auffassung, es gebe nur *einen* Gott, musste deshalb absurd und provokant erscheinen. Zwar gab es auch in der griechisch-römischen Philosophie die Auffassung eines einzigen göttlichen Wesens. Diese war jedoch nicht mit einer Leugnung der Existenz der zahlreichen Göttinnen und Götter und der Ablehnung von deren Verehrung verbunden. Vielmehr wurde deren Vielfalt als Erscheinungsform des einen, höchsten Gottes aufgefasst. Göttlicher und menschlicher Bereich wurden in der griechisch-römischen Religion zudem als miteinander verbunden vorgestellt. Götter und Göttinnen wurden im täglichen Leben – etwa im Wechsel der Jahreszeiten, bei der Vorbereitung und Durchführung von Kriegen, bei Saat und Ernte oder bei Geburt und Tod – als präsent vorgestellt. Die mythologischen Erzählungen über die Götter banden sie in das Leben der Menschen ein – wie z. B. die Erzählung vom Raub der Persephone (Proserpina), die eine mythologische Erklärung für den Wechsel zwischen fruchtbringenden und fruchtlosen Jahreszeiten lieferte. Der Kult diente der Aufrechterhaltung der Ordnung, indem den Göttern dargebracht wurde, was diesen zustand, damit diese ebenfalls ihre Aufgaben erfüllten und dem Staatswesen sowie dem Menschen in seinem persönlichen Leben wohlgesonnen blieben. Die Beteiligung an der offiziellen Religion war deshalb ein Beitrag zu Bestand und Wohlergehen des Gemeinwesens.

Die Bestreitung der Existenz anderer Gottheiten hat den Christen sehr bald den Vorwurf eingebracht, Gottlose *(átheoi)* zu sein (vgl. z.B. Justin, *1. Apologie* 6,1; Athenagoras, *Bittschrift* 13,1) und die römischen Sitten zu verachten. Dagegen wehrten sich die Apologeten, indem sie darlegten, dass die Christen dem Staat und der Gesellschaft gerade dadurch dienten, dass sie den wahren Gott verehrten und zudem keineswegs gegen den Kaiser und die staatliche Macht eingestellt seien, sondern für diese beten und sich in die Gesellschaft einbringen würden.

Ausführlich geschieht dies in Tertullians *Apologeticum*. Tertullian verteidigt die Christen gegen die Vorwürfe des Religionsfrevels *(sacrilegium)* und der Majestätsverletzung *(crimen laesae maiestatis)*, indem er darlegt, dass die von den Römern verehrten Götter in Wahrheit keine Götter, sondern Menschen seien. Die Götterbilder beständen aus gängigen irdischen Materialien, wogegen der Gott, den die Christen verehrten, der Schöpfergott sei, der sein unsichtbares Wesen durch Propheten und Schriften und schließlich durch Christus bekanntgemacht habe (*Apologeticum* 10–27). Den Vorwurf der Majestätsverletzung weist Tertullian mit dem Verweis darauf zurück, dass die Christen zum wahren und lebendigen Gott für die Herrscher beten und sich seiner Herrschaft unterordnen würden. Sie schadeten der römischen Gesellschaft zudem in keiner Weise, sondern nützten ihr sogar (*Apologeticum* 28–45). Tertullians Schrift bringt die Haltung der Christen gegenüber der römischen Religion und Gesellschaft in deutlicher und rhetorisch versierter Form zur Geltung.

Das Ende der Welt und die Auferstehung der Toten

Die Auferweckung Jesu Christi von den Toten gehört zu den Grundüberzeugungen des Christentums. Ohne sie wäre der christliche Glaube nicht entstanden. Dass sich Gott als Herr über den Tod erwiesen hat, zeigte sich für die frühen Christen vor allem daran, dass Jesus nicht im Tod geblieben war. Jüdischem Denken war die Vorstellung der Auferweckung geläufig, auch wenn es verschiedene Auffassungen über ein Leben nach dem Tod gab und nicht alle den Glauben an eine Auferstehung der Toten teilten. Das frühe Christentum setzt jedenfalls den

Auferstehungsglauben von Anfang an voraus. Er findet sich bei Jesus selbst (vgl. Mk 12,18–27), ebenso bei Paulus und den anderen Autoren des Neuen Testaments. Das Christentum hat auch die apokalyptischen Vorstellungen des Judentums aufgenommen und weitergeführt, zu denen die Auferstehung der Toten gehört, gemeinsam mit einem endzeitlichen Gericht, mit dem Gott seine Gerechtigkeit in der Welt durchsetzt. Dieses endzeitliche Gericht wird nach christlicher Vorstellung Jesus Christus übertragen, der am Ende danach urteilen wird, ob man dem Bekenntnis zu ihm treu geblieben ist (vgl. Mt 10,32–33/ Lk 12,8–9), bzw. die Menschen danach beurteilen wird, ob sie barmherzig zu ihren Mitmenschen waren (Mt 25,14–30).

Im Neuen Testament findet sich mit der Offenbarung des Johannes eine Schrift, die der apokalyptischen Literatur zuzurechnen ist. Sie gehört damit zu denjenigen jüdischen und christlichen Schriften, die seit dem 3. Jahrhundert v. Chr. verfasst wurden und die gegenwärtige Welt im Horizont der Ordnungen Gottes interpretieren. Dazu gehört die Vorstellung, dass Gott seine Gerechtigkeit einstmals durchsetzen und alle Bosheit und Ungerechtigkeit vernichten wird. Entsprechende Vorstellungen sind auch bei Paulus und in den Evangelien anzutreffen. Viele jüdische und christliche Apokalypsen haben zwar keinen Eingang in die Bibel gefunden. Das Christentum hat jedoch, anders als das Judentum, die Deutung der Geschichte mit Hilfe der apokalyptischen Vorstellung vom Gericht Gottes, das die Gerechten belohnt und die Sünder bestraft, fortgeführt.

Die Offenbarung des Johannes schildert, wie der kleinasiatische Prophet Johannes in einer Vision vor den Thron Gottes geführt und ihm dort der Verlauf der Geschichte von der Gegenwart bis zu seinem Ende offenbart wird. Die Entwicklungen erscheinen, oft in mythologischen Bildern, als grausame und verstörende Ereignisse, die zur Vernichtung der gegenwärtigen Welt führen. An deren Stelle treten ein neuer Himmel und eine neue Erde (Offb 21,1). Die apokalyptische Sicht auf die Geschichte steht im Kontext von Situationen, in denen das jüdische Volk und später auch die Christen marginalisiert und unterdrückt wurden. Die Herstellung von Gerechtigkeit wurde deshalb nicht in dieser Welt erwartet, sondern in einer zukünftig von Gott selbst herbeigeführten Ordnung, die an die Stelle der gegenwärtigen treten wird. Es handelt sich um eine zum auf innerweltliche Prozesse bezogenen heilsgeschichtlichen Denken alternative Sicht, die nicht mit einer kontinuierlichen Ausbreitung der Christusbotschaft, sondern mit der Vernichtung der gegenwärtigen Welt durch das Eingreifen Gottes rechnet.

Andere Apokalypsen des antiken Christentums wurden unter dem Namen von christlichen Personen wie Petrus und Paulus oder jüdischen (in christlicher Sicht: alttestamentlichen) Figuren wie Jesaja oder Esra verfasst. Der Inhalt ist oftmals eine Schilderung des Schicksals der Sünder und der Gerechten im Jenseits: Die Protagonisten werden in die Hölle und anschließend ins Paradies geführt, wo ihnen gezeigt wird, wie es den Sündern und den Gerechten ergeht. Die Apokalypsen haben also einerseits eine ermutigende Funktion: Sie verweisen darauf, dass die gegenwärtigen Verhältnisse künftig in ihr Gegenteil verkehrt werden. Das ist tröstlich für diejenigen, die in der Gegenwart unter Ungerechtigkeit und Verfolgung zu leiden haben. Die Apokalypsen können aber auch eine mahnende Funktion übernehmen: Sie führen vor Augen, wie es denen einst ergehen wird, die nicht nach den Geboten Gottes leben. Im antiken Judentum und im frühen Christentum haben die Apokalypsen vor allem dem ersten Zweck gedient: In einer Situation, in der das Christentum unter Anfeindungen und Verfolgungen zu leiden hatte, verweisen sie auf Gottes gerechte Ordnung, die er am Ende der Zeit heraufführen wird. In späterer Zeit konnten die Apokalypsen auch dazu dienen, den Gehorsam gegenüber Gottes Geboten einzuschärfen. Die mittelalterlichen Fassungen der Paulusapokalypse lassen sich dafür ebenso nennen wie bildliche Darstellungen des letzten Gerichts in der mittelalterlichen und frühneuzeitlichen Malerei (ein berühmtes Beispiel ist Michelangelos Fresko in der Sixtinischen Kapelle). Die mittelalterlichen Apokalypsen gehen über in die Schilderung von Jenseitsreisen, deren Höhepunkt mit Dantes «Göttlicher Komödie» in ihren drei Teilen Hölle – Fegefeuer – Paradies in der ersten Hälfte des 14. Jahrhunderts erreicht wurde.

Die Überzeugung, dass Gott den Verlauf der Geschichte bestimmt und Macht über den Tod hat, war grundlegend für die Deutung der Erfahrungen, die Anhängerinnen und Anhänger Jesu nach seiner Kreuzigung und Grablegung gemacht haben. Offenbar handelte es sich um visionäre Erlebnisse, denn es ist davon die Rede, dass Jesus «gesehen wurde» oder «erschienen ist» (z.B. 1 Kor 9,1; 15,5–8; Mk 16,7; Lk 24,34; Mt 28,17; Joh 20,18.25; Apg 9,17; 13,31). Diese Erfahrungen deuteten diejenigen, denen sie widerfuhren, so, dass Jesus nicht im Tod geblieben ist, sondern auf eine neue, andersartige Weise anwesend war. Der jüdische Glaube an Gottes Macht über den Tod führte dazu, diese Erfahrungen als Auferweckung Jesu Christi von den Toten zu deuten. Es war eine Auferweckung mitten in der Zeit, nicht erst an deren Ende. Zugleich teilt sie die Zeit in ein Davor und ein Danach. Mit der Auferweckung Jesu Christi ist die Hoffnung auf seine Wiederkehr am Ende der Zeit verbunden. Das begründet eine ganz eigene christliche Sicht auf die Zeit.

Der Glaube an die Auferweckung Jesu Christi war von früher Zeit an verbunden mit der Überzeugung, dass auch die an ihn Glaubenden auferweckt werden. Bei Paulus findet sich das bereits in seinem ältesten Brief, dem 1. Thessalonicherbrief, in dem er darlegt, dass Gott, der Jesus auferweckt hat, auch die im Glauben Entschlafenen auferwecken wird (1 Thess 4,13–17). Mit dieser Überzeugung unterscheiden sich die Glaubenden Paulus zufolge von denen, «die keine Hoffnung haben» (4,12).

Ganz anders sah das im griechisch-römischen Bereich aus. Die Vorstellung einer Auferstehung von Toten war hier unbekannt. Eine Fortdauer der irdischen Existenz konnte als Rückkehr der Seele zu ihrem Ursprung vorgestellt werden, von wo aus sie wieder in einem neuen Körper auf die Erde zurückkehren kann. Ein entsprechender Mythos wird von Platon (428/27–348/47 v. Chr.) erzählt (*Politeia* 614B–621D) und von Plutarch (ca. 45–125 n. Chr.) aufgegriffen (*Moralia* 560B–568A). Von einer Rückkehr aus der Unterwelt war mitunter in der Dichtung die Rede, etwa bei Euripides (*Alkestis*) oder in der Sage von Orpheus, der seine Frau Eurydike aus der Unterwelt zurückholen will, daran jedoch scheitert, weil er das Verbot, sich nach ihr umzudrehen, nicht einhält. Es handelt sich um Spezialfälle, in denen der griechischen Mythologie zufolge für ausgewählte Personen eine Rückkehr aus dem Totenreich möglich war. Eine leibliche Auferstehung von Toten war dagegen für Griechen oder Römer keine sinnvolle Vorstellung. Das lässt sich etwa an griechischen und römischen Grabinschriften erkennen. So lautet z.B. die Aufschrift auf einem Sarkophag aus Termessos in Kleinasien (2./3. Jh.):

> Gruß dir, Wanderer. Bedenke, dass alle Sterblichen
> das gleiche Ende erwartet.
> Genieße das Leben, solange du lebst. (Peek, Nr. 371)

Auf einer Tafel aus Ostia (1./2. Jh.) findet sich folgende Aufschrift:

> Für alle gilt das Gesetz: Sterben.
> Der Moiren Zwang ist unabwendbar für alle, die geboren werden,
> wenn sie erst ihre Spindeln in Gang gesetzt haben.

Im Hintergrund steht die Vorstellung von den drei Schicksalsgöttinnen (*Moiren*, lateinisch: *Parzen*), die den Lebensfaden spinnen, zuteilen und wieder zertrennen. Eine verbreitete lateinische Abkürzung auf Grabsteinen lautet:

> *n. f. n. s. n. c. (non fui non sum non curo)*
> Ich war nicht, ich bin nicht, es kümmert mich nicht.

Auf einer lateinischen Grabinschrift aus dem 3. Jahrhundert ist zu lesen:

> Solange du lebst, Mensch, lebe auch; denn nach dem Tode
> ist nichts.
> Alles bleibt zurück und das ist der Mensch, was du hier siehst.

Diese Inschriften, denen sich zahlreiche weitere an die Seite stellen ließen, bringen eine auf das Diesseits bezogene Lebenshaltung zum Ausdruck. Eine Erwartung auf ein Leben nach dem Tod findet sich dagegen nicht. Eine ähnliche Haltung begegnet uns im 1. Korintherbrief. Paulus setzt sich mit einer Position korinthischer Christen auseinander, die behaupteten, eine Auferstehung von den Toten gebe es nicht (1 Kor 15,12). Paulus sieht mit einer solchen Haltung die Grundlagen des Glaubens in Gefahr. Darum widmet er ihrer Widerlegung eine ausführliche Argumentation, in der er einerseits darstellt, dass aus der Auferweckung Jesu Christi auch diejenige der zu ihm Gehörenden folgt, und andererseits erklärt, dass die Toten nicht mit ihrem irdischen Leib auferstehen, sondern einen verwandelten himmlischen Leib erhalten.

Als Konsequenz der in Korinth vertretenen Sicht führt Paulus eine Lebensmaxime an, die sich mit den genannten Grabinschriften unmittelbar berührt und sich in ähnlicher Weise auch bei griechischen und römischen Dichtern findet: «Lasst uns essen und trinken, denn morgen sterben wir» (1 Kor 15,32). Wenn es keine Totenauferstehung gibt, so Paulus, dann sind die Christen nicht besser dran als die anderen, die keine Hoffnung über das irdische Leben hinaus haben. Der Diskurs des Paulus mit der Gemeinde in Korinth führt demnach das Aufeinandertreffen unterschiedlicher kultureller Vorstellungen über ein Leben nach dem Tod vor Augen. Auch in der bereits genannten Paulusrede auf dem Areopag wird das Aufeinandertreffen unterschiedlicher Vorstellungen über ein Leben nach dem Tod deutlich. Die Philosophen hören Paulus zu, solange er über Gott und die Menschen spricht, sobald er jedoch von der Auferstehung der Toten zu reden beginnt, wenden sie sich spöttisch ab (Apg 17,32).

Vor dem Hintergrund dieser konträren Vorstellungen über die Auferstehung verwundert es nicht, dass christliche Theologen sich darum bemühten, den Auferstehungsglauben zu plausibilisieren. Dabei lassen sich verschiedentlich Annäherungen an griechisch-römische Vorstellungen feststellen. So begegnet uns etwa in einigen christlichen Schriften die aus der griechischen Anthropologie stammende Auffassung, dass die Seele des Menschen göttlicher Herkunft ist, den Körper nach dessen Tod verlässt und wieder zu ihrem göttlichen Ursprung zurückkehrt. Das *Mariaevangelium*, das ursprünglich im 2. Jahrhundert auf Griechisch verfasst wurde, von dem aber nur wenige kleine griechische Fragmente sowie eine etwas längere, allerdings ebenfalls lückenhafte koptische Übersetzung erhalten sind, enthält einen Mythos von der in den göttlichen Bereich aufsteigenden Seele, die dabei verschiedene Hindernisse («Gewalten») überwinden muss. In damit vergleichbarer Weise wird in der Schrift «Weisheit Jesu Christi» die Sicht vertreten, dass die Menschen durch aus der oberen Welt stammende Lichttropfen mit dieser verbunden sind. Die ebenfalls im 2. Jahrhundert entstandene, möglicherweise von dem Apologeten Athenagoras verfasste Schrift «Über die Auferstehung der Toten» bestreitet jegliche Einwände gegen die Auferstehung mit dem Argument, dass der Mensch seiner Bestimmung, nämlich Gott zu dienen und seinen Geboten zu gehorchen, nur gerecht werden könne, wenn Leib und Seele vorhanden sind, da beide zur Natur des Menschen gehören. Die Auferstehung bedeute deshalb, dass die Seele in neuer Weise mit dem vom Tod auferweckten Leib vereinigt wird. Anders als in den beiden zuvor genannten Schriften wird hier die leibliche Auferstehung verteidigt. Gemeinsam ist dagegen die Auffassung, dass der Mensch aus Seele und Leib besteht und diese beim Tod des Menschen (zunächst) voneinander getrennt werden.

Bei Clemens von Alexandria findet sich die Auffassung, «Fleisch» und «Seele» seien zwei unterschiedliche Teile des Menschen, wobei die «sündigen Seelen» eine Heiligung durch das «verständige Feuer» erführen (*Teppiche* VII 34,4). Im Hintergrund steht dabei die stoische Unterscheidung eines vernichtenden und eines heilsamen Feuers, die etwa Cicero zufolge von dem Stoiker Kleanthes vertreten wurde (*Über die Natur der Götter* II 15,41). Bei Clemens steht die Bemerkung im Kontext einer Reflexion über den Sinn, Opfer darzubringen. Die Vorstellung der Griechen und Römer, die Götter erfreuten sich an verbranntem Fleisch, sei töricht, denn es komme auf die Heiligung der sündigen Seelen an. Zudem verehre der Erkennende (der «Gnostiker») den Logos ständig und überall und suche dafür nicht nach bestimmten Zeiten oder Orten.

Wie oben bereits ausgeführt, hat Origenes in seiner Streitschrift «Gegen Kelsos» die Verwandlung Jesu in eine göttliche Natur als etwas dargestellt, was – wie auch Kelsos zugeben würde –

auch auf Asklepios, Dionysos oder Herakles zutreffe (III 42). An späterer Stelle verteidigt Origenes den Glauben an die Auferstehung des Fleisches überhaupt, also nicht nur desjenigen Jesu (V 18–24). Unter Bezug auf 1 Kor 15 legt er dar, dass dieser Glaube nicht mit philosophischen Auffassungen über eine kreislaufartige Wiederkehr der immergleichen Ereignisse zu verwechseln sei. Vielmehr sei im Körper ein «geistiges Prinzip» *(Logos)* vorhanden, das dem Körper die Unvergänglichkeit vermittle. Auf diese Weise werde der Mensch «in eine bessere und göttlichere Natur umgewandelt».

In vergleichbarer Weise setzt sich Tertullian in seiner Schrift «Über die Auferstehung der Toten» mit Einwänden gegen die Auferstehung auseinander. Tertullian legt dar, dass die philosophischen Einwände gegen die Auferstehung des Körpers, die sich auch christliche «Häretiker» zu eigen machen, gegenstandslos seien. Er betont die Einheit von Körper und Seele, die beide zum Menschsein gehörten und führt Beispiele für die Auferstehung aus der Natur und der Schrift an. Er legt dar, dass Körper und Seele gleichermaßen am Leben des Menschen beteiligt seien und deshalb auch gemeinsam zur Verantwortung gezogen werden müssten. Das wird anhand etlicher Passagen aus dem Alten und dem Neuen Testament ausführlich begründet.

In der christlichen Bestattungspraxis wirkte sich der Auferstehungsglaube dahingehend aus, dass die Leichname Verstorbener wie auch im Judentum nicht verbrannt wurden. Stattdessen wurden sie in Gräbern, in Rom und einigen anderen Orten in Katakomben, also unterirdischen Friedhöfen, bestattet. Die Wandmalereien in den Katakomben geben dabei zu erkennen, worauf die Christen hofften. Ein wichtiges Motiv ist die Geschichte des Propheten Jona, dessen Rettung aus dem Bauch eines Fisches bereits im Neuen Testament auf die Auferstehung Jesu bezogen wurde (Mt 12,40). Auch andere Rettungsgeschichten aus der Bibel werden dargestellt: die durch göttliches Eingreifen verhinderte Opferung Isaaks durch Abraham, Noahs Arche oder die Rettung Daniels und seiner Freunde im Feuerofen.

Darstellungen des Gekreuzigten finden sich dagegen in der

Frühzeit noch nicht, auf Grabinschriften lässt sich nur selten spezifisch Christliches erkennen. Mitunter weist ein Symbol, etwa ein Fisch oder eine Taube, eine Formulierung wie «in Frieden», «im Herrn» oder auch ein Name wie *Kyriakós* bzw. die feminine Form *Kyriakē* (abgeleitet von *Kýrios*, «Herr») auf den christlichen Charakter hin. Auch Amtsbezeichnungen wie «Presbyter» *(presbýteros)* oder «Bischof» *(epískopos)* können auf einen christlichen Ursprung hindeuten. Das ist allerdings nicht zwingend, denn es sind keine genuin christlichen Bezeichnungen. Das griechische Wort *epískopos* etwa bedeutet «Aufseher» und konnte z.B. für die Funktion des Finanzverwalters einer Gemeinschaft gebraucht werden. Auch bei Eigennamen und Symbolen ist nicht immer eindeutig, ob sie auf einen christlichen Ursprung verweisen.

Einen Sonderfall bilden die für die kleinasiatische Region Phrygien bezeugten Inschriften, die mit der Formel «Christen für Christen» oder ähnlich schließen. Die ältesten von ihnen lassen sich ins 3. Jahrhundert datieren. Diejenigen, die die Inschriften verfasst haben, geben sich darauf explizit als «Christen» zu erkennen, die die Grabsteine für andere Christen errichtet haben. Das kann als öffentliches Bekenntnis aufgefasst werden, was allerdings voraussetzen würde, dass die Grabsteine für jedermann sichtbar aufgestellt waren. Das lässt sich jedoch nicht mit Sicherheit sagen, da über ihren Kontext zu wenig bekannt ist. Christliche Gräber, etwa mit Kreuzsymbolen oder Darstellungen biblischer Motive auf Sarkophagen und Grabplatten oder der Anrufung Christi, lassen sich dann ab dem 4. Jahrhundert identifizieren. Der Grund für dieses vergleichsweise späte Auftreten dürfte sein, dass Christen in der Frühzeit noch keine eigenen Friedhöfe unterhielten (das änderte sich erst im späteren 3. Jahrhundert) und die Bestattungen auf den Friedhöfen den üblichen Gepflogenheiten folgten.

Die Hoffnung auf ein Leben nach dem Tod und der Glaube an eine leibliche Auferstehung sind demnach in den Bestattungspraktiken der Frühzeit nur ansatzweise zu erkennen. So kommt der Auferstehungsglaube vor allem in Interpretationen biblischer Texte – einschließlich bildlicher Darstellungen – sowie in der Liturgie und der Feier der Eucharistie zum Ausdruck. Die intellektuellen Auseinandersetzungen christlicher mit griechisch-römischen Philosophen wiederum führen vor Augen, wie dieser Glaube gegenüber einer anderen Sicht auf den Menschen und das Leben nach dem Tod verteidigt und denkerisch durchdrungen wurde.

Christlicher Glaube und römischer Staat

Obwohl sich das Christentum erst allmählich als eigene religiöse und soziale Gemeinschaft neben dem Judentum etablierte, wurden die Christen bereits zu einem frühen Zeitpunkt vom römischen Staat und seinen Behörden als eigene Gruppe wahrgenommen.

Die ersten dezidiert die Christen betreffenden Maßnahmen wurden offenbar von Nero (reg. 54–68) angeordnet und waren auf die Stadt Rom bezogen. Von ihnen berichten sowohl Sueton in seiner Biographie Neros als auch Tacitus in seinen «Annalen». In beiden Berichten wird der Glaube der Christen *(Christiani)* als ein schädlicher Aberglaube *(superstitio)* bezeichnet, gegen den Nero mit brutaler Härte vorgegangen sei. Tacitus bringt dieses Vorgehen zusätzlich damit in Verbindung, dass Nero das Gerücht beseitigen wollte, der Brand Roms sei auf seine Anweisung gelegt worden, und er deshalb die Christen dafür verantwortlich machte und sie grausam hinrichten ließ. Dieser Zusammenhang wird bei Sueton nicht ausdrücklich erwähnt. Er reiht vielmehr das Vorgehen gegen die Christen unter die ordnungspolitischen Maßnahmen ein, die Nero in Rom ergriffen hatte und die sich auch gegen andere als problematisch angesehene Gruppen (Wagenlenker und Pantomimendarsteller) richteten. Auf den Brand Roms kommt er dagegen erst an späterer Stelle zu sprechen (*Nero* 38). Dort erzählt er ausführlich, wie Nero die Stadt anzünden ließ und sich von seinem Palast aus an der Schönheit der Flammen erfreute.

Sowohl Sueton als auch Tacitus betrachten die Christen als eine neue, negative Erscheinung in der römischen Gesellschaft. Tacitus erwähnt zudem, dass sie beim Volk aufgrund ihrer schändlichen Taten *(flagitia)* verhasst waren. Was diese Schandtaten sind, vermögen allerdings weder Sueton noch Tacitus genauer zu sagen. Tacitus erwähnt, dass diejenigen, die festgenommen wurden, zwar nicht der Brandstiftung, wohl aber des «Hasses auf das Menschengeschlecht» *(odium generis humani)* überführt worden seien. Den Vorwurf des «Menschenhasses» (griechisch *misanthrōpía*) erheben antike griechische und lateinische Autoren häufiger. Sie meinen damit eine gegen die menschliche Gemeinschaft gerichtete, ethisch zu verurteilende Haltung. Der Vorwurf wurde gegenüber Juden und Christen erhoben, weil ihr Verhalten als dem Gemeinwohl gegenüber feindselig beurteilt wurde und sie sich in Gemeinschaften versammelten, zu denen nur diejenigen Zugang hatten, die dazugehörten.

Was genau der Grund für die Maßnahmen gegen die Christen war, bleibt undeutlich. Vermutlich lassen sie sich am ehesten mit einer Stimmung in Verbindung bringen, die auf den bereits genannten Vorwürfen gegen die Christen gründet: Feindseligkeit gegen die Tradition, Verweigerung der Verehrung der Götter und damit einhergehend Illoyalität gegenüber Staat und Gesellschaft, geheime Zusammenkünfte mit okkulten und verbotenen Praktiken. Dass diese Vorwürfe haltlos waren und größtenteils auf Missverständnissen basierten, änderte nichts daran, dass sie die Stimmung gegenüber den Christen negativ beeinflussten. Neros Maßnahmen – ob mit dem Brand Roms im Zusammenhang stehend oder nicht – machten sich diese Stimmung zunutze, um die Christen als eine unliebsame und potentiell gefährliche Gruppe zu unterdrücken.

Seit früher Zeit werden die Martyrien des Petrus und Paulus in diesen Zeitraum eingeordnet. Häufig werden sie sogar direkt mit Neros Maßnahmen verbunden. Die beiden Apostel würden demnach zu denjenigen gehören, die im Zuge der kaiserlichen Strafmaßnahmen verhaftet und hingerichtet wurden. So weiß etwa Euseb zu berichten, dass unter Nero Paulus in Rom enthauptet und Petrus gekreuzigt wurde (*Kirchengeschichte* II 25,5). Kurz darauf (25,7) zitiert er den römischen Presbyter Gaius, der von den «Siegeszeichen der Apostel» gesprochen habe, die am Vatikanhügel bzw. auf der Straße nach Ostia zu finden seien. Damit sind zweifellos die Gräber von Petrus und Paulus gemeint. Zudem, so Euseb weiter (25,8), habe Bischof Dionysios von Korinth in einem Brief an die römischen Christen (um 170) geschrieben, dass beide Apostel das Martyrium zur selben Zeit erlitten hätten. Ein früheres Zeugnis, das den Tod der beiden Apostel gemeinsam erwähnt, findet sich im gegen Ende des 1. Jahrhunderts verfassten 1. Clemensbrief. Es wird zwar nicht explizit gesagt, *wo* die Martyrien stattgefunden haben und dass sie sich zum selben Zeitpunkt ereignet hätten, jedoch lässt sich dem Abfassungsort des Briefes, nämlich Rom, entnehmen, dass der Tod der Apostel dort lokalisiert wird. Das wird durch weitere literarische Zeugnisse flankiert, etwa durch den 1. Petrusbrief, der zwar sehr wahrscheinlich ein pseudoepigraphes Schreiben ist, aber vorgibt, in Rom (der Deckname «Babylon» wird in 1 Petr 5,13 genannt) verfasst worden zu sein. Diese Fiktion ist nur unter der Voraussetzung einer stadtrömischen Petrustradition plausibel. In den oben (Teil I.5) genannten Akten des Petrus und Paulus werden die Martyrien ausführlich legendarisch geschildert und mit den Maßnahmen des Nero in Verbindung gebracht.

Auf diesen Zeugnissen beruht die Tradition von Petrus und Paulus als den beiden Gründungsaposteln der römischen Gemeinde – und der Kirche insgesamt –, die gemeinsam in Rom zu Tode gekommen seien. Diese Tradition ist dann weiter ausgebaut worden, indem etwa Petrus und Paulus gemeinsam gegen Simon Magus kämpfen, ihn überwinden und gemeinsam von Nero zum Tod verurteilt werden. Ikonographisch ist das z. B. auf den Mosaiken in der Cappella Palatina des Palazzo dei Normanni in Palermo aus dem 12. Jahrhundert dargestellt. Ein in der Ikonographie häufig vorkommendes Motiv sind auch die einander korrespondierenden Darstellungen der Kreuzigung des Petrus und der Bekehrung des Paulus (so etwa von Michelangelo in der Cappella Paolina und von Caravaggio in der Cappella Cerasi in Santa Maria del Popolo).

Der historische Befund nimmt sich allerdings etwas anders aus. Das Kommen des Paulus nach Rom wird in der Apostelgeschichte geschildert, wo Paulus im Rahmen seines Prozesses aufgrund seiner Appellation an den Kaiser nach Rom überstellt wird. Der Tod des Paulus wird allerdings nicht erwähnt, vielmehr endet die Apostelgeschichte mit dem Bild des trotz seiner Gefangenschaft frei verkündigenden Paulus. Sein Tod wird an früherer Stelle dadurch angedeutet, dass Paulus selbst auf die Zeit nach seinem Wirken vorausblickt (Apg 20,22–25). Im Neuen Testament ist von einem Kommen des Petrus nach Rom gar keine Rede. Die literarischen Zeugnisse enthalten demnach nur einige, zum Teil zudem vage Hinweise auf Aufenthalt und Tod der beiden Apostel in Rom. Dass sie in den christlichen Gemeinden Roms aktiv gewesen wären, lässt sich historisch nicht belegen, muss aber jedenfalls für Paulus als unwahrscheinlich gelten.

Dessen ungeachtet reichen die Traditionen über ihre dortigen Gräber bis ins 2. Jahrhundert zurück, ohne dass es eine dazu konkurrierende Tradition gäbe. Das erscheint auch deshalb historisch glaubwürdig, weil ungeachtet der Verbindung beider Apostel in der literarischen Tradition die Grabstätten an ganz verschiedenen Orten lokalisiert sind, die zudem außerhalb des stadtrömischen Gebiets liegen: in den Gräberfeldern an der Via Ostiense bzw. am Vatikanhügel, wo im 4. Jahrhundert auf Anordnung Konstantins die Basiliken San Paolo fuori le mura bzw. San Pietro errichtet wurden. Für Paulus ist dabei ein Zusammenhang seines Todes mit den genannten Maßnahmen Neros unwahrscheinlich, da er als Gefangener nach Rom gebracht und vermutlich in einem Prozess zum Tod verurteilt wurde (oder in der Haft gestorben ist). Für Petrus ist ein solcher Zusammenhang dagegen durchaus denkbar.

Maßnahmen gegen die Christen sind auch für Kaiser Domitian (reg. 81–96) bezeugt. Zu diesen gehörte die oben (Teil II.2) bereits erwähnte verschärfte Eintreibung des *Fiscus Judaicus*, von der sowohl Juden als auch Christen betroffen waren. Darüber hinaus soll er Euseb zufolge gegen viele Christen, darunter Flavia Domitilla, eine Nichte des Konsuls Flavius Clemens, vorgegangen sein. Die Nachrichten über diese Maßnahme sowie das Vorgehen des Domitian insgesamt sind allerdings widersprüchlich. In anderen Quellen wird Flavia Domitilla als Frau des Flavius Clemens bezeichnet, zudem wird das Ausmaß des Vorgehens gegen die Christen als weniger gravierend dargestellt (etwa bei Tertullian, *Apologeticum* 5,4: Domitian habe seine Maßnahmen bald eingestellt und die Verbannten wieder in ihre Rechte eingesetzt). Eine umfassende Christenverfolgung hat es unter Domitian demnach wahrscheinlich nicht gegeben, sondern einzelne Maßnahmen gegen Juden und Christen, möglicherweise bei der Durchsetzung des *Fiscus Judaicus*. Das negative Bild des Domitian, das bereits Trajan (reg. 98–117), der zweite Nachfolger Domitians, formte, wurde durch die christliche Geschichtsschreibung, die ihn als den nach Nero zweiten Christenverfolger darstellte, weiter befördert. Das wird bereits in der vermutlich während der Regierungszeit Domitians verfassten Johannesoffenbarung deutlich, die ein sehr negatives Bild vom römischen Staat als widergöttlicher Macht zeichnet, der gegenüber zur Standhaftigkeit in der Verfolgung aufgerufen wird. Auch der 1. Petrusbrief und der 1. Clemensbrief dürften in der Regierungszeit Domitians entstanden sein. Sie berichten allerdings nicht von systematischen Verfolgungen, sondern von einer feindlichen Stimmung gegenüber den Christen.

Eine andere Situation wird in dem um 112/13 entstandenen Briefwechsel zwischen Plinius dem Jüngeren, Statthalter der Provinz Bithynia et Pontus am Schwarzen Meer, und Kaiser Trajan erkennbar. Plinius fragte beim Kaiser an, wie mit den Christen umzugehen sei: Ob allein der Name *(nomen ipsum)* – also das Bekenntnis, Christ zu sein – bereits ein strafwürdiges Vergehen sei oder nur damit verbundene Verbrechen zu bestrafen seien. Plinius berichtet davon, wie er bislang vorgegangen sei: Diejenigen, die ihm als Christen angezeigt wurden und im Verhör bei ihrem Bekenntnis geblieben seien, habe er abführen lassen. Diejenigen, die bestritten, jemals Christen gewesen zu sein und zum Beweis die Götter anriefen und vor dem Bild des Kaisers Opfer darbrachten, habe er freigelassen. Dagegen sei er unsicher, wie mit denjenigen, die zugaben, Christen zu sein, aber widerriefen und zum Beweis den Kaiser und die Götter anbeteten und Christus verfluchten, umzugehen sei. Plinius erwähnt noch, dass er bei den Verhören keine Verbrechen, sondern einen «abstrusen, maßlosen Aberglauben» gefunden habe. Er richtet sich mit der Frage an den Kaiser, wie mit dieser dritten Gruppe umzugehen sei. Dies erschien ihm vor allem deshalb angebracht, weil sich «die Seuche dieses Aberglaubens» bereits sehr weit verbreitet habe und man dagegen vorgehen müsse, um die Tempel und Opfer wieder instand zu setzen.

Die Antwort Trajans fällt knapp und eindeutig aus: Man soll nicht nach den Christen fahnden *(conquirendi non sunt)*, wenn sie jedoch angezeigt und überführt werden, sind sie zu bestrafen, wobei diejenigen, die ihr Christsein leugnen und dies durch die Anrufung der Götter beweisen, Gnade finden sollen. Anonyme Anzeigen seien nicht zu berücksichtigen. Diese Antwort war, wie der Jurist Tertullian schon bald scharfsinnig kritisierte, «konfus» *(confusa)* und in ihrer Inkonsequenz überaus fragwürdig (*1. Apologie* 2,6–9). Sie verbot, Christen aufzuspüren, stellte jedoch zugleich das Christsein unter Strafe und öffnete damit der Denunziation Tür und Tor. Die Korrespondenz gibt außerdem zu erkennen, dass am Beginn des 2. Jahrhunderts das Bekenntnis, «Christ» *(Christianus)* zu sein, als strafwürdig angesehen und geahndet werden konnte. Als Christ war man folglich der Gefahr ausgesetzt, angezeigt und verurteilt zu werden, auch ohne dass man eine Straftat begangen hatte. Das knappe Antwortschreiben Trajans blieb die Verfahrensgrundlage für den Umgang mit den Christen für die folgenden beiden Jahrhunderte. Daran änderte auch ein Reskript Kaiser Hadrians (reg. 117–138) an den Statthalter der Provinz Asia nichts, das in einer griechischen Übersetzung (der lateinische Text ist verloren) bei Euseb sowie als Anhang an die *1. Apologie* Justins erhalten ist. Darin versucht Hadrian, die Rechtsambivalenz der Regelung Trajans dadurch auszugleichen, dass Denunziationen ausdrücklich unter Strafe gestellt, die Anschuldigung, jemand sei Christ oder tue etwas gegen die Gesetze, dagegen vor Gericht begründet werden müsse. Damit war zumindest eine Belastbarkeit der Anzeigen gefordert. Zugleich galt jedoch, dass Christsein nunmehr definitiv unter Strafe gestellt war. Eine grundsätzliche Änderung der rechtlichen Lage brachte erst das Toleranzedikt des Galerius (reg. 305–311) aus dem Jahr 311.

Durch dieses wurde die christliche Religion rechtlich anerkannt *(ut denuo sint Christiani)*, zudem wurde gestattet, die Versammlungsorte der Christen *(conventicula)* wieder herzurichten. Bis dahin war es jedoch ein weiter Weg, auf dem es zu Martyrien und schweren Verfolgungen kam, zugleich aber auch die Grundlagen dafür gelegt wurden, dass das Christentum ab dem 4. Jahrhundert eine tragende Rolle im Römischen Reich spielen konnte.

So gehörte zu der sich bereits früh abzeichnenden Reaktion der Christen auf die feindselige Haltung von Politik und Gesellschaft, zu Gehorsam gegenüber Kaiser und Behörden aufzurufen. Das lässt sich bereits bei Paulus erkennen, der im Römerbrief dazu auffordert, jede Obrigkeit als von Gott eingesetzt zu betrachten und die Loyalität durch das Entrichten von Steuern zu bekunden (13,1–7). Das ist bei Justin wieder anzutreffen, der unter Verweis auf die Antwort Jesu auf die Frage nach dem Steuerzahlen beteuert, dass die Christen zwar nur zu Gott beteten, aber in allen anderen Dingen dem Kaiser gern gehorsam seien (*1. Apologie* 17). Vergleichbare Aufforderungen finden sich im 1. Petrusbrief, im 1. Clemensbrief, im 1. Timotheusbrief, also in Schreiben, die am Ende des 1. bzw. in der ersten Hälfte des 2. Jahrhunderts entstanden. Sie ermahnen dazu, die staatliche Ordnung zu achten, und sogar, für die Machthaber zu beten (1 Tim 2,1–4). Auch dies wiederholt sich z.B. bei Tertullian, der es als christliche Haltung beschreibt, zu dem wahren Gott für das Wohl des Kaisers zu beten (*Apologeticum* 30–33). Polykarp beruft sich sogar in der Situation seines Martyriums darauf, dass die von Gott eingesetzten Obrigkeiten zu ehren seien, achtet sie jedoch nicht für wert, dass er sich ihnen gegenüber verteidigt (*Martyrium des Polykarp* 10,2).

Unterordnung unter weltliche Autoritäten ist verständlich bei einer bedrängten Minderheit, die ihr Bekenntnis wahren und danach leben will. Dementsprechend werden die Aufforderungen zur Unterordnung unter die Obrigkeit damit begründet, dass man als Christ nicht als Verbrecher bestraft werden solle, dass Christen vielmehr ein ehrbares und ruhiges Leben führen sollen und eine solche Haltung dem Staatswesen zuträglich sei. Damit einher geht die Tendenz, sich auch in den Lebensformen an den üblichen Vorstellungen zu orientieren, etwa im Blick auf Familie und Hauswesen sowie bei der Organisation christlicher Gemeinden. Grenzen lagen dort, wo das christliche Bekenntnis zu dem einen Gott verletzt wurde. Das war im Blick auf die Verehrung anderer Götter oder des Kaisers eindeutiger als z.B. bei den Berufen, in denen Christen tätig waren. Tertullian etwa hob in seiner Schrift «Über den Götzendienst» hervor, dass bei den Betätigungen in der Gesellschaft die Grenze des Götzendienstes nicht überschritten werden dürfe. Grundsätzlich waren die Christen demnach zur Mitwirkung in der Gesellschaft bereit, markierten dabei aber deutlich ihre Grenzen einer Kooperation.

Gleichwohl spitzte sich in der zweiten Hälfte des 2. Jahrhunderts ihre Lage zu. Für die Regierungszeit Mark Aurels (reg. 161–180) wird von neuen Gesetzen berichtet, aufgrund derer die Christen verfolgt würden (Melito von Sardes, bei Euseb, *Kirchengeschichte* IV 26,5–6). Zugleich entstehen die ersten Berichte über Martyrien von Christen. Am Martyrium wird eine neben der Loyalität zweite Haltung erkennbar, nämlich standhaft am christlichen Bekenntnis festzuhalten und dafür sogar die Todesstrafe in Kauf zu nehmen. Die sogenannten Märtyrerakten, Texte, die aus christlicher Perspektive die Standhaftigkeit und das Leiden der Märtyrer in den Prozessen und anschließenden Folterungen schildern, haben die Form von Prozessberichten, sind aber stets auch durch die Verehrung der Märtyrer geprägt. Mitunter sind die Berichte als Gemeindebriefe gestaltet, die an andere Gemeinden gesandt werden. Die Märtyrerakten sind eine frühe Form christlicher Hagiographie. Bereits Euseb lag eine Sammlung von Martyriumsberichten vor, auf die er mehrfach verweist und aus der er auch zitiert.

Der älteste Martyriumsbericht sind die «Gerichtsakten Justins und seiner Gefährten», die von dem 165/66 durchgeführten Prozess gegen Justin und einige weitere Christen berichten. Erzählt wird ein Verhör durch den römischen Stadtpräfekten Rusticus, in dem dieser sich zunächst bei Justin über die Lehren erkundigt, denen dieser und seine Gefährten – offenbar Mitglieder der von Justin gegründeten Schule – anhängen. Justin legt daraufhin ein Bekenntnis zum Glauben an den einzigen Gott und an Jesus Christus als seinen Sohn ab. Rusticus fragt weiter, wo sie sich versammeln würden, was Justin mit dem Verweis auf seine eigene Wohnung im oberen Geschoss einer Therme beantwortet. Im weiteren Verlauf tritt das Bekenntnis, «Christ» zu sein, das die Befragten ablegen, hervor. Als Inhalt des Glaubens wird von Justin die feste Überzeugung, nach der Hinrichtung in den Himmel aufzusteigen, betont. Die Angeklagten verweigern das Opfer für die Götter, werden daraufhin abgeführt und enthauptet. Der aus christlicher Perspektive formulierte Schluss besagt, dass die «heiligen Märtyrer» ihr Martyrium «im Bekenntnis zu unserem Retter» vollendeten und von Gläubigen an einem passenden Ort bestattet wurden.

Nur wenig später ereignete sich das Martyrium des Bischofs Polykarp aus der kleinasiatischen Stadt Smyrna. Es wird in einem Brief geschildert, den die Gemeinde von Smyrna nach seinem Tod an andere Gemeinden schickte. Dieser ist in mehreren Manuskripten überliefert, zudem bietet Euseb einen längeren, allerdings mitunter abweichenden Auszug daraus (*Kirchengeschichte* IV 15,3–45). Geschildert wird zunächst, wie in Smyrna mehrere Christen gefoltert, einige sogar zum Kampf mit wilden Tieren verurteilt werden. Anschließend wird nach Polykarp gefahndet, der ins Stadion der Stadt geführt und dort verhört wird. Da er sich weigert, bei der Tyche des Kaisers zu schwören und sein Christsein frei bekennt, wird er auf einem Scheiterhaufen gefesselt. Er spricht ein Gebet zu Gott, in dem er dafür dankt, unter die Märtyrer aufgenommen zu werden. Anschließend wird der Scheiterhaufen entzündet, die Flammen können ihn jedoch nicht verbrennen. Ein *confector*, zuständig dafür, bei den Tierhetzen verletzte Kämpfer und Tiere zu töten, gibt ihm den Todesstoß. Sein Leichnam wird verbrannt, seine Gebeine werden von der Gemeinde eingesammelt und bestattet. Darin liegt, etwa zeitgleich zur Einrichtung der Petrus-Memoria, der Beginn der christlichen Reliquienverehrung.

Der Martyriumsbericht trägt deutliche Züge der Verehrung Polykarps als eines standhaften Zeugen, der für seinen Glauben gestorben ist. Er ist aus der Perspektive der Gemeinde gestaltet, die darin die Bewunderung für ihren Bischof zum Ausdruck bringt. Deutlich wird auch, dass die Martyrien inzwischen eine andere Form angenommen haben: Sie konnten in Anwesenheit der Volksmenge als öffentliches Spektakel im Stadion stattfinden und damit die Funktion von Gladiatorenkämpfen oder Tierhetzen übernehmen. Das könnte damit in Zusammenhang stehen, dass in dieser Zeit der Preis für Gladiatorenkämpfer gesenkt wurde, da die Durchführung der Kämpfe offenbar vor größeren finanziellen Schwierigkeiten stand.

Ein weiterer Bericht schildert das Martyrium der Christen in Lyon und Vienne. Er hat wiederum die Form eines Gemeindebriefes, der bei Euseb erhalten ist. Geschildert wird, dass in Lyon und Vienne die Christen zunehmend ins Abseits gedrängt werden, so dass sie sich schließlich kaum noch in der Stadt sehen lassen können. Schließlich werden Christen der dortigen Gemeinden von einer aufgebrachten Menge zu den Behörden geschleift und verhört. Die Gruppe der Angeklagten teilt sich in diejenigen, die am Bekenntnis festhalten und zu Märtyrern werden, und jene, die dazu zu schwach sind und abfallen. Das Problem des Abfalls begegnet hier zum ersten Mal. Es wird dadurch verschärft, dass immer mehr Christen ergriffen und mit den Vorwürfen thyestischer Mahlzeiten (also des Verzehrs von Kindern) und ödipeischen Sexualverkehrs (also Inzucht) konfrontiert wurden. Sodann ist von Christen die Rede, die den Folterungen standhalten. Die Verfolgungen richten sich aber auch gegen die Abgefallenen, die des Mordes angeklagt werden und ihr Martyrium nur widerwillig ertragen. Das Geschehen verlagert sich schließlich ins Amphitheater, wo zu den Foltern das Herumschleifen durch Tiere tritt. Eine besondere Rolle fällt der Sklavin Blandina zu, die der Tortur längere Zeit standgehalten hat und nun im Theater zu Tode gequält wird. Blandina ist die Lichtgestalt unter den Märtyrern. Sie zeigt bei den Gebeten während ihrer Folter die Kreuzesform und gibt den anderen dadurch Mut, die in ihr denjenigen sehen, der für sie gekreuzigt worden war (Euseb, *Kirchengeschichte* V 1,41).

Schließlich sei noch auf den ältesten lateinischen Märtyrerbericht hingewiesen. Er enthält eine Schilderung des Martyriums der Christen von Scili, in der Nähe von Karthago. Geschildert wird ein Verhör mehrerer Christen im Jahr 180 vor dem Prokonsul Saturninus in Karthago. Der Prokonsul fordert sie auf, zur Vernunft zu kommen, den Kaiser anzuerkennen und ihm zu opfern. Er erhält die Antwort, dass sie kein irdisches Reich anerkennen und bei ihrem christlichen Glauben bleiben würden. Eine angebotene Bedenkzeit schlagen sie aus und werden, da sie nicht zur Sitte der Römer *(Romanorum mos)* zurückkehren wollen, mit dem Schwert hingerichtet. Der Bericht endet mit einem christlichen Schluss, der den Märtyrern den «Kranz des Martyriums» und ewige Herrschaft mit Vater, Sohn und Heiligem Geist zuspricht.

Die Martyriumsberichte lassen erkennen, dass die durch das Reskript Trajans entstandene rechtliche Lage immer wieder zu gefährlichen Situationen führen konnte. Behörden durften ungeachtet der dortigen Regelung nach Christen fahnden, sie foltern und ihre Martyrien sogar öffentlich inszenieren. Zudem konnte sich die Stimmung der Bevölkerung gegen die Christen wenden, aus welchen Gründen auch immer. Die in den Verhören wiederholt anzutreffenden Fragen nach dem Christsein sowie das daraufhin abgelegte Bekenntnis «Ich bin Christ» zeigen jedenfalls, dass das Christsein an sich ein Straftatbestand war und entsprechend geahndet wurde. Die Märtyrerakten als eine zur Hagiographie zu rechnende Textgruppe machen zudem deutlich, dass die Verehrung derjenigen Christen intensiviert wurde, die in Todesgefahr am Bekenntnis festhielten. Dies bildete den Beginn der Märtyrerverehrung, die sich im Christentum dann weiter fortgesetzt hat. Schließlich geben diese Texte das Problem des Umgangs mit den «Abgefallenen» *(lapsi)* zu erkennen, das auch weiterhin virulent blieb.

Im 3. Jahrhundert entstand durch die von den Kaisern angeordneten, das gesamte Römische Reich betreffenden Christenverfolgungen eine grundlegend andere Situation. Diese rührten von zunehmenden Schwierigkeiten der inneren und äußeren Festigung des Römischen Reiches her, die dazu führten, dass die zur Staatsräson gehörende Verehrung der römischen Götter strenger durchgesetzt wurde. So verpflichtete ein Edikt des Kaisers Decius (reg. 249–251) aus dem Jahr 249 alle Bewohner des Reiches, den Staatsgöttern zu opfern. Eigens eingesetzte Kommissionen stellten Bescheinigungen aus, die die Teilnahme an den Opfern bestätigten. Derartige Opferbescheinigungen *(libelli)* sind vor allem aus Ägypten überliefert. Bei Zuwiderhandlungen gegen die Opferanordnung drohten Folter oder sogar die Todesstrafe. Das Edikt richtete sich zwar nicht speziell gegen die Christen, betraf sie aber in besonderer Weise, da sie Opfer für die römischen Götter grundsätzlich ablehnten. Die verschärfte Durchsetzung des offiziellen Staatskultes führte dazu, dass sich etliche Christen dem Opferzwang beugten, andere durch Folter dazu gezwungen wurden und wieder andere das Martyrium erlitten. Über die entsprechenden Vorgänge berichtet Euseb (*Kirchengeschichte* VI 41–43), ein weiteres wichtiges Zeugnis sind die Schriften Cyprians, der während der Verfolgung Bischof in Karthago war, sich ihr zunächst durch Flucht entzog, dann aber in deren zweiter Welle unter Kaiser Valerian (reg. 253–260) das Martyrium erlitt.

Nach der Regierungszeit von Kaiser Valerian ebbten die Verfolgungen zunächst für einige Jahrzehnte ab, bevor sie am Beginn des 4. Jahrhunderts unter Kaiser Diokletian (reg. 284–305) noch einmal heftig aufflammten. Diokletian ergriff verschiedene Maßnahmen zur Stabilisierung des Reiches, zu denen die Aufteilung der Herrschaft unter vier Regenten (zwei Augusti und zwei Cäsaren) sowie die Förderung der römischen Kulte gehörten. Diokletian erließ darüber hinaus mehrere Edikte, die sich nunmehr ausdrücklich gegen die Christen richteten. So wurde etwa angeordnet, dass die Kirchen vollständig zu zerstören und die christlichen Schriften zu verbrennen seien und alle Christen im Dienst des kaiserlichen Hofes ihre Stellung verlieren sollten, wenn sie sich nicht vom christlichen Glauben lossagten. Durch ein weiteres Edikt wurde die Verhaftung aller Vorsteher der Gemeinden angeordnet, ein viertes Edikt befahl Speise- und Trankopfer vor den Götterbildern in jeder Stadt.

Durch diese verschärften Maßnahmen geriet das Christentum noch einmal in eine sehr schwierige Lage. Es kam zu Verfolgungen und Martyrien, die in den einzelnen Provinzen des Reiches unterschiedlich durchgesetzt wurden. Auch dieses drastische Vorgehen führte jedoch nicht dazu, dass der christliche Glaube ausgelöscht worden wäre und die römischen Kulte seinen Platz vollständig wieder eingenommen hätten. Das Toleranzedikt des Kaisers Galerius reagierte auf diese Situation. Es ordnete an, dass das Christsein nicht länger unter Strafe stehe, insofern kein Verstoß gegen die öffentliche Ordnung vorliege. Damit war die Regelung des Reskriptes von Trajan außer Kraft gesetzt. Das Edikt reagierte darauf, dass es Galerius, der bereits seit 293 als Cäsar mitregiert hatte und 305 zum Augustus erhoben worden war, in seinen vorausgehenden Maßnahmen nicht gelungen war, die Christen zur Rückkehr zur römischen Religion zu bewegen, denn es hatte «ein so starker Eigenwille eben diese Christen erfaßt und eine so große Torheit von ihnen Besitz ergriffen, daß sie den Gebräuchen der Alten nicht mehr folgten ... sondern ganz nach Gutdünken und Belieben sich Gesetze gaben, um sie zu beachten» (Übers. des Edikts bei Laktanz nach Guyot/Klein). Galerius gesteht damit ein, dass die Maßnahmen nicht zum erwünschten Erfolg geführt hätten und es deshalb angeraten sei, die christliche Religion zuzulassen.

Diese Regelung wurde nicht sofort im gesamten Reich durchgesetzt. Nachdem jedoch Kaiser Konstantin 312 seinen Kontrahenten Maxentius in der Schlacht an der Milvischen Brücke besiegt hatte und sich die Kaiser des West- und des Ostreiches im Jahr darauf in Mailand darauf verständigten, gegenüber den Christen Toleranz walten zu lassen, waren die Christenverfolgungen beendet.

4. Vielfalt und Einheit des Christusglaubens

Das Christentum hat von seinen ersten Anfängen an als eine vielfältige Bewegung existiert. Daran hat sich bis heute nichts geändert. Die Vorstellung seiner Einheit war deshalb schon immer ein Ideal, das nicht die tatsächliche Form, in der der christliche Glaube gelebt wird, widerspiegelt, sondern ihm als Orientierung und Regulativ vorausliegt. Gleichwohl – oder gerade deshalb – ist die Vorstellung der Einheit des christlichen Glaubens sinnvoll und notwendig. Sie fragt danach, was die wesentlichen und unverzichtbaren Merkmale des Christusglaubens sind und wo die Grenzen liegen, die ihn von anderen religiösen und weltanschaulichen Gemeinschaften unterscheiden. Nach der Einheit des christlichen Glaubens zu fragen, stellt dabei die Vielfalt, in der er existiert, nicht infrage. Einheit und Vielfalt stehen zudem in einem dynamischen Verhältnis zueinander, das in wechselnden Konstellationen immer wieder neu bestimmt werden muss.

Bereits das Neue Testament ist ein Zeugnis komplexer Anfänge des Christentums. Die Geschichte Jesu findet sich nicht einmal, sondern viermal in je eigener literarischer und theologischer Gestaltung. Im Matthäus- und im Lukasevangelium wird die Einbindung des Wirkens Jesu in die Geschichte Israels betont und als Erfüllung der Verheißungen Gottes dargestellt, wogegen im Markusevangelium der Zusammenhang von verborgenem Anbruch der Gottesherrschaft im Wirken Jesu und ihrer zukünftigen Vollendung im Zentrum steht. Das Johannesevangelium wiederum stellt Jesus als den Mensch gewordenen göttlichen Logos dar, der Gott in der Welt bekanntmacht und dann zurück zum Vater geht. Dem entsprechen je eigene historische Situationen, in denen sich die Evangelien herausbildeten. Die im 2. und 3. Jahrhundert entstandenen «apokryphen» Evangelien steuern wiederum eigene Akzente bei. Das Thomasevangelium enthält Lehren Jesu, die den Weg zurück zum «Königreich des Vaters» weisen, aus dem die Menschen kommen. Die «Kindheitsevangelien» erzählen in legendarischer Weise von der Geburt (Marias und) Jesu und von Episoden aus seiner Kindheit. Die «judenchristlichen Evangelien» interpretieren das Wirken Jesu im Kontext jüdischer Überlieferungen und heben seine Treue zu diesen Traditionen hervor. Wiederum andere Schriften haben Dialoge Jesu mit seinen Jüngerinnen und Jüngern zum Inhalt, in denen er ihnen neue Lehren übermittelt, die während seines irdischen Wirkens noch nicht zur Sprache gekommen waren. Diese Interpretationen verweisen auf eine Breite von Auffassungen darüber, was als das Wesentliche des Wirkens und der Lehre Jesu angesehen wurde.

Auch die Briefe des Paulus lassen verschiedene Auffassungen über Fragen des christlichen Glaubens und Lebens erkennen. In den Interpretationen der Theologie des Paulus werden dann verschiedene Akzentsetzungen erkennbar. Es kann die Einheit von Juden und Heiden in der Kirche (so im Epheserbrief) betont, aber auch die Abgrenzung gegenüber denen «aus der Beschneidung» hervorgehoben werden (so im Titusbrief). Das Verhältnis von Gott und Jesus Christus konnte unterschiedlich beschrieben werden und auch zur Bedeutung der jüdischen Überlieferungen für den Glauben an Jesus Christus existierten unterschiedliche Auffassungen.

Im 2. Jahrhundert setzten sich diese verschiedenen Aufbrüche fort. Die Ansätze, Christentum und Philosophie zueinander in Beziehung zu setzen (vgl. oben, III.5), konnten dabei entweder stärker an den jüdischen Überlieferungen und der Überzeugung vom tatsächlichen Menschsein Jesu oder mehr an mythologisch-kosmologischen Ideen über die Entstehung der Welt und die Erlösung des Menschen orientiert sein. Ersteres findet sich z. B. bei Justin, Irenäus, Clemens und Origenes, Letzteres in solchen Entwürfen, die Gott und die Welt deutlich voneinander abrücken, etwa bei Valentin und in einigen Schriften aus Nag Hammadi.

In einigen Fällen, so etwa bei Valentin und Markion, die zur selben Zeit in Rom wirkten, haben diese Lehren zur Bildung von Gemeinschaften geführt. Zu den von Valentin begründeten «Valentinianern» gehörten seine Schüler Herakleon und Ptolemäus, die sein System weiterentwickelten. Dabei wurden, ähnlich wie bei Basilides, «gnostische» Züge eingeführt, die sich in denjenigen Fragmenten, die von Valentin (und Basilides) selbst erhalten sind, noch nicht finden. Die Anknüpfungen an Valentin führten bei Tertullian zu polemischen Bemerkungen über die Vielzahl der bei den Nachfolgern Valentins vertretenen Überzeugungen (*Gegen Valentin* 4,1–2). Die Breite des valentinianischen Lehrsystems wird auch durch die Vielzahl der dazu zu rechnenden Schriften bezeugt. So lassen sich etwa etliche Texte aus dem Fund von Nag Hammadi, wie das Philippusevangelium, das «Evangelium der Wahrheit» und der Tractatus Tripartitus der valentinianischen Richtung zurechnen. Die Valentinianer haben auch ein spezifisches Verständnis der Taufe als dem Ritual entwickelt, das zur Vollkommenheit führt. Der Vollzug selbst war dabei nicht anders als in anderen christlichen Gruppen, allerdings verstanden die Valentinianer die bei ihnen vollzogene Taufe als derjenigen anderer Gemeinden überlegen. Auch Salbung und Eucharistie haben bei ihnen eine wichtige Rolle gespielt, wie z. B. das Philippusevangelium erkennen lässt.

Markion hatte in Rom eine Schar von Anhängern um sich versammelt, mit denen er aber zunächst innerhalb der römischen Christengemeinde verblieb. Da es jedoch nur kurze Zeit nach seinem Beitritt zur römischen Gemeinde zu einem Zerwürfnis über seine Lehre kam, wurden seine Anhänger und er selbst ausgeschlossen und die beträchtliche Geldsumme, die er der Gemeinde zur Verfügung gestellt hatte, wurde wieder zurückgezahlt. Markion konzentrierte sich daraufhin auf den Aufbau und die Verbreitung seiner eigenen Gemeinschaft und wurde in der Folge von Autoren wie Irenäus, Tertullian u. a. heftig bekämpft.

In der zweiten Hälfte des 2. Jahrhunderts gründete Montanus mit seinen Begleiterinnen Priscilla und Maximilla im kleinasiatischen Phrygien eine prophetische Bewegung, deren Anhänger ihre Lehre «(Neue) Prophetie» nannten. Von ihren Gegnern wurden sie «Montanisten» oder «Kataphryger» genannt. Die Bewegung verbreitete sich rasch in Kleinasien und darüber hinaus, auch Tertullian schloss sich ihr am Beginn des 3. Jahrhunderts in Karthago an. Im Zentrum stand die Überzeugung vom nahe bevorstehenden Weltende, das sich als Kommen des «neuen Jerusalem» in den phrygischen Dörfern Pepuza und Tymion ereignen werde. Diese Erwartung war begleitet von ekstatischen Phänomenen wie Zungenreden und einer radikalen Ethik, zu der auch die Auflösung der Ehe und ein Leben in Keuschheit gehörten. Montanus selbst galt als der von Gott autorisierte

Prophet und Anführer, die Prophetie wurde als unmittelbare Äußerung des im Johannesevangelium genannten «Parakleten» aufgefasst. Zu den Merkmalen der Bewegung gehörte die führende Rolle, die Frauen in dieser innehatten.

Die «Prophetie» wurde von anderen christlichen Lehrern skeptisch beäugt und schließlich als häretisch verurteilt. Dabei waren weniger Differenzen in der Lehre als vielmehr in der Ethik ausschlaggebend. Die Vorwürfe, die den «Montanisten» gemacht wurden, sind deshalb nicht selten moralische oder theologische Verunglimpfungen: Montanus würde sich selbst als menschgewordenen Gott betrachten, sie würden sich für ihre Prophetien fürstlich entlohnen lassen usw. Bei den Differenzen spielte nicht zuletzt ein unterschiedliches Verständnis der maßgeblichen Schriften und Traditionen eine Rolle. Die Schriften der entstehenden christlichen Bibel waren zwar bei den «Montanisten» anerkannt, jedoch traten die Aussprüche der Propheten und Prophetinnen als deren verbindliche Auslegung hinzu. Der in der prophetischen Bewegung wirkende Geist war demzufolge diejenige Instanz, durch die die biblischen Schriften in der Gegenwart zur Geltung gebracht wurden. Dieses Verständnis unterschied sich von demjenigen, das sich in der Kirche durchsetzen sollte und für das die Orientierung an den als grundlegend beurteilten Anfängen der Zeit Jesu und der Apostel kennzeichnend war.

Die genannten Entwicklungen zeigen, dass in der Frühzeit des Christentums keineswegs feststand, welches Verständnis der heiligen Schriften sowie von Taufe und Abendmahl als verbindlich gelten, wie das christliche Leben gestaltet werden und wie die Gemeinden organisiert werden sollten. Vielmehr bestanden über alle diese Fragen verschiedene Auffassungen, die für längere Zeit nebeneinander existierten. Das machte es notwendig, nach denjenigen Inhalten und organisatorischen Formen zu fragen, die für das Christentum ungeachtet seiner Vielfalt verbindlich sein sollten. Die Auseinandersetzungen darüber haben das Christentum im 2. und 3. Jahrhundert entscheidend geprägt, sie wurden oft in sehr drastischer, die bekämpften Gruppen polemisch abwertender Weise geführt. Das darf jedoch nicht darüber hinwegtäuschen, dass die an diesen Diskursen beteiligten Gruppen ihre jeweilige Position als «christlich» verstanden.

Die Vielfalt von Richtungen und Auffassungen des entstehenden Christentums führte dazu, nach gemeinsamen, «das Christliche» repräsentierenden Strukturen, Inhalten und Lebensformen zu suchen. Dieser Prozess begann im 2. Jahrhundert und setzte sich im 3. Jahrhundert fort. Er stellte keine Gleichförmigkeit her, sondern schuf einen Rahmen, innerhalb dessen sich die verschiedenen Ausprägungen des christlichen Glaubens bewegen sollten.

Eine wichtige Rolle spielte dabei die «Glaubensregel» *(regula fidei)*. Diese auch als «Wahrheitsregel» oder «Kirchliche Regel» bezeichnete Kategorie wird bei Autoren wie Irenäus, Tertullian und Clemens verwendet, um die in der christlichen Kirche geltenden Regeln auf die Grundlagen des christlichen Glaubens zu beziehen. Diese «Richtschnur» – der griechische Ausdruck heißt «Kanon» – ist kein bestimmter Glaubenssatz, sondern ein hermeneutisches Prinzip zur Unterscheidung wahrer von falscher Lehre. So legt etwa Irenäus in seiner Auseinandersetzung mit den Valentinianern dar, dass von den Häretikern Stellen aus den Paulusbriefen willkürlich zusammengeordnet würden, es für deren richtiges Verständnis dagegen des durch die Taufe vermittelten «Kanons der Wahrheit» bedürfe (*Gegen die Häresien* I 9,4–5). An einer späteren Stelle bemerkt Irenäus, dass die Parabeln Jesu zwar verschiedene Deutungen zuließen, die Wahrheitsregel jedoch ihre eigentliche Bedeutung erkennen lasse, wogegen die Valentinianer ihren Sinn verdrehten (II 27–28,1). Auch Tertullian beruft sich in seiner Auseinandersetzung mit den Häretikern auf die «Glaubensregel», die Orientierung an den zentralen Glaubenssätzen bietet. Inhaltlich bringt die Glaubensregel den Glauben an den einen Gott, den Schöpfer, an seinen Sohn Jesus Christus, der wahrhaft Mensch gewesen ist, an den Heiligen Geist, durch den Gott in der Welt wirkt, und daran, dass dieser Glaube in der Kirche authentisch bewahrt wird, zum Ausdruck.

Die Glaubensregel war demnach ein wichtiges Instrument, um das Verhältnis von Einheit und Vielfalt auszutarieren. Wichtige Grenzziehungen, die dabei in Auseinandersetzung mit anderen christlichen Strömungen vorgenommen wurden, betrafen zum einen die Einbindung des christlichen Glaubens in die Geschichte und die Schriften Israels und des Judentums, zum anderen das Festhalten daran, dass Jesus Christus tatsächlich (und nicht nur zum Schein) Mensch geworden ist. Damit waren in der Auseinandersetzung zwischen den verschiedenen christlichen Strömungen zwei wichtige Grundsätze formuliert, die für das Christentum, ungeachtet seiner konfessionellen Vielfalt, prägend werden sollten. Daneben entwickelte sich, ebenfalls seit dem 2. Jahrhundert, in einem längeren Prozess das Apostolische Glaubensbekenntnis (Apostolikum). Eine wichtige Rolle bei seiner Entstehung spielte die Taufunterweisung, die in das vom Täufling beim Taufakt in Form von Antworten auf Tauffragen zu sprechende Bekenntnis mündete.

Zu nennen sind des Weiteren die liturgischen Formen und die Gestalt des Gottesdienstes. Zu Ersteren gehört die zunächst mit der Taufe verbundene, dann aber zu einer eigenen Institution weiterentwickelte Buße. Dahinter stand das Problem, dass trotz der mit der Taufe vollzogenen Abkehr vom früheren Leben die Sünde auch im Leben der Christen präsent blieb. War noch im Hebräerbrief die Möglichkeit einer zweiten Buße ausdrücklich ausgeschlossen worden (6,4–6), so wird eine zweite Umkehr im 2. Jahrhundert im Hirt des Hermas ausdrücklich eingeräumt (*Visionen* II 2,1–5; *Mandate* IV 3), denn die Vollkommenheit der Kirche werde erst am Ende der Zeit hergestellt sein. Besonders drängend wurde die Frage nach einer zweiten Buße, als im Zuge der Maßnahmen des Decius um die Mitte des 3. Jahrhunderts Christen ihr Bekenntnis verleugneten, später aber wieder zur christlichen Gemeinde gehören wollten. Im Laufe des 2. und 3. Jahrhunderts wurde für den Umgang mit sündig gewordenen Christen deshalb das Bußinstitut entwickelt. Es regelte, welche Bußleistungen für welche Sünden zu erbringen waren. Für die theologische und praktische Haltung zur Sünde in der christlichen Kirche war die Institutionalisierung der Buße deshalb von großer Bedeutung.

Zur Gestalt des Gottesdienstes im frühen Christentum gibt es im Neuen Testament einige Hinweise. Paulus nennt im 1. Korintherbrief einige Merkmale der Gemeindeversammlungen: prophetisches Reden von Frauen, das Herrenmahl, das Einbringen verschiedener Geistesgaben, die Einheit der Gemeinde als «ein Leib» sowie das Zungenreden (1 Kor 11–14). In der Apostelgeschichte werden Lehre der Apostel, Brotbrechen (also die Eucharistie bzw. das Herrenmahl) und Gebet genannt (2,42). Anweisungen zu Gebet und Feier der Eucharistie finden sich auch in der Didache sowie bei Ignatius. Letzterer betont mehrfach die Bedeutung der Eucharistiefeier, die häufig stattfinden und vom Bischof geleitet werden soll. Diese spärlichen Hinweise geben zu erkennen, dass für die frühen Christen keine Notwendigkeit bestand, den Ablauf der Gottesdienstfeier eigens zu beschreiben. Vielmehr wurden nur solche Aspekte thematisiert, die der Regelung bedürftig waren.

Informationen zum Ablauf finden sich sodann im Brief des Plinius an Trajan (s. o., III.8). Er beschreibt, dass sich die Christen «an einem bestimmten Tag (dem Sonntag) vor Sonnenaufgang zu versammelten pflegten, Christus als ihrem Gott einen Wechselgesang sangen» und sich dazu verpflichteten, keinerlei Verbrechen zu begehen. Später seien sie dann noch einmal zusammengekommen, «um ein ganz gewöhnliches und unschuldiges Mahl einzunehmen» (Übers. Guyot/Klein). Offenbar waren die Feier der Auferstehung am Sonntagmorgen und die Eucharistiefeier später am Tag voneinander getrennt. Der Beschreibung des Gottesdienstes bei Justin zufolge versammelt sich die Gemeinde am Sonntag, es werden zunächst «die Erinnerungen der Apostel» bzw. «die Schriften der Propheten» verlesen, die anschließend vom «Vorsteher» ausgelegt werden. Danach findet die Eucharistiefeier statt, in die auch die Abwesenden einbezogen werden, denen die Eucharistiespeise durch die Diakone gebracht wird. Hier ist die Mahlfeier demnach in den Gottesdienst integriert. Zum Schluss wird eine Kollekte für die Bedürftigen gesammelt (*1. Apologie* 67). Insgesamt lassen die verstreuten Bemerkungen erkennen, dass im Blick auf Verständnis und Gestaltung des Gottesdienstes eine Vielfalt bestand, bei der ethische Unterweisung, vermutlich basierend auf den jüdischen

Schriften und der Lehre Jesu sowie der Apostel, und die Eucharistiefeier konstante Elemente bildeten. Ab dem 4. Jahrhundert wurden diese dann in umfassendere Liturgien integriert.

Zum christlichen Leben, sowohl im Alltag als auch in der Gemeinde, gehört die Herausbildung einer christlichen Ethik sowie einer Organisationsstruktur der Kirche. Was die Ethik betrifft, haben sich bei aller bleibenden Variabilität Auffassungen herausgebildet, die für das Christentum prägend wurden. Dazu gehören das Gebot der Nächsten- und Feindesliebe, ein verantwortlicher Umgang mit Besitz, eine Verantwortung gegenüber dem Ehepartner bzw. der -partnerin und den eigenen Kindern sowie die Bereitschaft zur Vergebung. Diese Themen werden von christlichen Autoren immer wieder genannt, wenn es um die grundlegenden Merkmale christlichen Lebens geht. Als Begründungen werden oftmals die Liebe, die Gott uns gegenüber erwiesen hat, sowie die Lehre und das Vorbild Jesu Christi angeführt, die zu einer entsprechenden Haltung verpflichten.

Zu nennen ist weiter die Entstehung einer verbindlichen Schriftensammlung. Dabei traten neben die jüdischen Schriften, die man als auf Christus hinweisendes prophetisches Zeugnis verstand und die als «Altes Testament» Teil der christlichen Bibel wurden, die als «Neues Testament» verbindlich werdenden christlichen Schriften. Der genaue Umfang der biblischen Schriften bildete sich zwischen dem 2. und dem 4. Jahrhundert in komplexen Entwicklungen allmählich heraus. Der «Kanon» des Neuen Testaments – wie der Bibel insgesamt – ist dabei ein Zeugnis der Vielfalt des Christentums, wobei aber auch bestimmte Schriften und damit bestimmte Positionen ausgeschlossen wurden. Bei einigen Schriften – etwa beim Hebräerbrief, beim Jakobusbrief, bei der Johannes- und der Petrusoffenbarung oder beim Hirten des Hermas – bestand längere Zeit keine Eindeutigkeit hinsichtlich ihres kanonischen Status. Dementsprechend werden die Schriften auch in die Gruppen «anerkannte», «umstrittene» und «verworfene» Schriften eingeteilt (so Origenes bei Euseb). Mit der Etablierung des biblischen Kanons und der Herstellung christlicher Bibeln Alten und Neuen Testaments hat sich seit dem 4. Jahrhundert ein Schriftenbestand durchgesetzt, der ungeachtet konfessioneller Differenzen in den christlichen Kirchen im Wesentlichen als akzeptiert gilt.

Als Organisationsform christlicher Kirche setzt sich seit dem 2. Jahrhundert durch, dass eine Gemeinde von einem Bischof geleitet wird, der auch der Eucharistiefeier vorsteht. Weitere Funktionen werden von Ältesten (Presbytern) und Diakonen wahrgenommen. Diese Organisationsform lässt sich im 1. Timotheus- und im Titusbrief sowie in den Ignatiusbriefen erkennen, die alle im 2. Jahrhundert entstanden sind. Im 3. Jahrhundert ist sie dann auch für Alexandria bezeugt, wo zuvor eine presbyteriale Leitung bestanden hatte. Die Bischöfe einer Provinz kamen zu Synoden zusammen, auf denen Beschlüsse gefasst wurden, die dann in der jeweiligen Provinz galten. Diese Organisationsstruktur ermöglichte es zum einen, die christlichen Gemeinden nach außen hin zu vertreten, zum anderen war so bei Streitigkeiten, die die Lehre oder das Gemeindeleben betrafen, eine Entscheidungsstruktur geschaffen. Gegenüber den in den frühen Schriften des Neuen Testaments erkennbaren Formen der Gemeindeorganisation, die stärker egalitär ausgerichtet und mehr am Charisma von Personen als an einem Amt orientiert waren, hatte sich damit eine Ordnung etabliert, die die christliche Kirche als gesellschaftliche Institution deutlicher erkennbar werden ließ. Damit waren Voraussetzungen gegeben, auf denen dann nach der Anerkennung des christlichen Glaubens aufgebaut werden konnte. Als Konstantin im 4. Jahrhundert das Christentum aktiv förderte, um die Einheit des Reiches zu stabilisieren, konnte er sich auf Strukturen stützen, die sich in den Jahrhunderten zuvor herausgebildet hatten.

Die Entstehung des Christentums lässt sich demnach als Prozess beschreiben, der die dem christlichen Glauben von Beginn an innewohnende Mannigfaltigkeit in Formen überführt hat, die es der christlichen Kirche ermöglicht haben, sich als Institution mit eigenen religiösen Überzeugungen und einer diesen entsprechenden Praxis im Römischen Reich zu etablieren. Die Vielfalt des christlichen Glaubens wurde fortan sowohl innerhalb der institutionell geprägten Formen als auch an ihren Rändern praktiziert.

Literatur

Quellentexte und Übersetzungen

Die Apostolischen Väter. Neu übersetzt und herausgegeben von A. Lindemann und H. Paulsen, 1992.

Epistola Barnabae/Barnabasbrief. Eingeleitet, kritisch ediert und übersetzt von F. R. Prostmeier; Ad Diognetum/An Diognet. Eingeleitet kritisch ediert und übersetzt von H. E. Lona, 2018.

Euseb von Caesarea, Kirchengeschichte. Herausgegeben und eingeleitet von H. Kraft; Übersetzung von P. Haeuser, 1997.

Fiedrowicz, M., Christen und Heiden. Quellentexte zu ihrer Auseinandersetzung in der Antike, 2004.

Guyot, P./Klein, R., Das frühe Christentum bis zum Ende der Verfolgungen. Eine Dokumentation, 3. Auflage 2006.

Irenäus, Adversus Haereses/Gegen die Häresien. Übersetzt und eingeleitet von N. Brox (5 Bände), 1993–2001.

Justin, Apologiae/Apologien. Eingeleitet, übersetzt und kommentiert von J. Ulrich, 2021.

Kaiser, U. U./Bethge, H.-G. (Hg.), Nag Hammadi Deutsch. Studienausgabe, 3. Auflage 2013.

Klauck, H.-J., Die religiöse Umwelt des Urchristentums (2 Bände), 1995–1996.

Markschies, C./Schröter, J. (Hg.), Antike christliche Apokryphen, Band I: Evangelien und Verwandtes (in zwei Teilbänden), 2012.

Origenes, Contra Celsum/Gegen Celsus. Eingeleitet und kommentiert von M. Fiedrowicz, übersetzt von C. Barthold (5 Bände), 2011–2012.

Peek, W., Griechische Grabgedichte, 1960.

Ritter, A. M., Alte Kirche (Kirchen- und Theologiegeschichte in Quellen), 4. Auflage 1987.

Schröter, J./Zangenberg, J. (Hg.), Texte zur Umwelt des Neuen Testaments, 2013.

Tertullian, Adversus Iudaeos/Gegen die Juden. Übersetzt und eingeleitet von R. Hauses, 2007.

–, Apologeticum/Verteidigung des christlichen Glaubens. Eingeleitet und übersetzt von T. Georges, 2015.

Darstellungen

Brakke, D., The Gnostics. Myth, Ritual, and Diversity in Early Christianity, 2010.
Campenhausen, H. v., Kirchliches Amt und geistliche Vollmacht in den ersten drei Jahrhunderten, 2. Auflage 1963.
Carleton Paget, J./Lieu, J. (Hg.), Christianity in the Second Century. Themes and Developments, 2017.
Clauss, M., Ein neuer Gott für die alte Welt. Die Geschichte des frühen Christentums, 2015.
Dahlheim, W., Die Welt zur Zeit Jesu, 4. Auflage 2015.
Eastman, D. L., Early North African Christianity, 2021.
Ebner, M., Die Stadt als Lebensraum der ersten Christen, 2012.
Edwards, M., Religions of the Constantinian Empire, 2015.
Fischer, J., Sklaverei in der Antike, 2021.
Fürst, A., Die Liturgie der Alten Kirche. Geschichte und Theologie, 2008.
Gemeinhardt, P., Die Heiligen. Von den frühchristlichen Märtyrern bis zur Gegenwart, 2010.
Gemeinhardt, P., Geschichte des Christentums in der Spätantike, 2022.
Giebel, M., Reisen in der Antike, 2006.
Graf, F. W./Wiegandt, K. (Hg.), Die Anfänge des Christentums, 2009.
Hamman, A., Die ersten Christen, 1985.
Harnack, A. v., Die Mission und Ausbreitung des Christentums in den ersten drei Jahrhunderten, 4. Auflage 1924.
Hermann-Otto, E., Sklaverei und Freilassung in der griechisch-römischen Welt, 2. Auflage 2017.
Hurtado, L. W., Destroyer of the Gods. Early Christian Distinctiveness in the Roman World, 2016.
Kinzig, W., Christenverfolgung in der Antike, 2019.
Klauck, H.-J., Apokryphe Apostelakten. Eine Einführung, 2005.
–, Apokryphe Evangelien. Eine Einführung, 2. Auflage 2005.
Koch, D.-A., Geschichte des Urchristentums, 2. Auflage 2014.
Leppin, H., Die frühen Christen. Von den Anfängen bis Konstantin, 2018.
Lieu, J., Marcion and the Making of a Heretic. God and Scripture in the Second Century, 2015.
Markschies, C., Das antike Christentum. Frömmigkeit, Lebensformen, Institutionen, 3. Auflage 2016.
–, Die Gnosis, 4. Auflage 2018.
–, Kaiserzeitliche christliche Theologie und ihre Institutionen, 2007.

Nicklas, T., Jews and Christians? Second Century ‹Christian› Perspectives on the ‹Parting of the Ways›, 2014.
Öhler, M., Geschichte des frühen Christentums, 2018.
Pratscher, W. (Hg.), Die Apostolischen Väter. Eine Einleitung, 2009.
Rothschild, C. K./Schröter, J. (Hg.), The Rise and Expansion of Christianity in the First Three Centuries of the Comman Era, 2013.
Rüpke, J., Römische Religion in republikanischer Zeit, 2014.
–, Pantheon. Geschichte der antiken Religionen, 2016.
Schäfer, P., Anziehung und Abstoßung. Juden und Christen in den ersten Jahrhunderten ihrer Begegnung, 2015.
–, Die Geburt des Judentums aus dem Geist des Christentums, 2010.
–, Jesus im Talmud, 2. Auflage 2010.
Schnelle, U., Die getrennten Wege von Römern, Juden und Christen. Religionspolitik im 1. Jahrhundert n. Chr., 2019.
–, Die ersten 100 Jahre des Christentums 30–130 n. Chr. Die Entstehungsgeschichte einer Weltreligion, 2. Auflage 2016.
Schröter J., Die apokryphen Evangelien. Jesusüberlieferungen außerhalb der Bibel, 2020.
Schröter, J./Schmid, K., Die Entstehung der Bibel. Von den ersten Texten zu den heiligen Schriften, 3. Auflage 2020.
Schröter J./Edsall, B. A./Verheyden, J. (Hg.), Jews and Christians – Parting Ways in the First Two Centuries CE?, 2021.
Vinzent, M., Offener Anfang. Die Entstehung des Christentums im 2. Jahrhundert, 2019.
Winkelmann, F., Geschichte des frühen Christentums, 5. Auflage 2013.
Zeller, D. (Hg.), Christentum I: Von den Anfängen bis zur konstantinischen Wende, 2002.